守住你的财富

资产配置全面策略与实战

史林东　史振未◎著

中国商业出版社

图书在版编目（CIP）数据

守住你的财富：资产配置全面策略与实战 / 史林东，史振未著． -- 北京：中国商业出版社，2024. 8．
ISBN 978-7-5208-3027-0

Ⅰ．F830.593

中国国家版本馆 CIP 数据核字第 2024A95D62 号

责任编辑：杨善红

策划编辑：刘万庆

中国商业出版社出版发行
（www.zgsycb.com 100053 北京广安门内报国寺 1 号）
总编室：010-63180647　　编辑室：010-83118925
发行部：010-83120835/8286
新华书店经销
香河县宏润印刷有限公司印刷
*
880 毫米 ×1230 毫米　32 开　7.25 印张　150 千字
2024 年 8 月第 1 版　2024 年 8 月第 1 次印刷
定价：68.00 元
****
（如有印装质量问题可更换）

序

为什么缺钱的人那么多？

因为大家都忽略了一点：守住钱比赚钱难多了。

我们是守护自己财富的第一责任人，守财本身就属于一种长久的生活方式。

我们真的想过如何守财吗？守财需要策略。赚钱是第一财商，留住钱并正确使用金钱是第二财商。大部分人都容易拥有第一财商，却要用很长的时间来获得第二财商；而如若不具备第二财商，那么终将因人性的弱点而快速返贫。

在这个瞬息万变的时代，财富的积累与保护成为每个人都需要面对的重要问题。无论你是企业家、投资者，还是普通上班族，都要学会如何守住你的财富，使其在风险与不确定性中保持增长。

守住财富是一个综合性的过程，涉及多个方面和策略。首先，需要建立正确的财富观念，明确财富积累和保护的重要性。财富不仅仅是金钱，还包括其他具有价值的资产，如房产、股票、藏品、现金、人脉、健康、个人能力等。因此，我们需要从更广泛的角度来看待财富，并理解财富增值与守护的重要性。其次，在多元化投资、风险管理、税务筹划以及法律合规性方面做到持续学习和调整，以更好地保护自己的财富。

守住你的财富

本书旨在帮助读者理解财富积累与保护的重要性,并掌握实用的策略与方法。我们希望通过分享成功的案例和经验,让读者明白如何应对各种市场波动和经济变化,从而实现财富的长期增值。

在本书中,我们将深入探讨以下主题:

财富观念的转变。从对财富新的思维架构和财富容器入手,从传统的积累财富到实现一定的财富自由,从认知上确立现代的投资理念,我们需要更加开放和多元化的思维方式。

投资策略的选择。了解各种投资工具的特点和风险,选择适合自己的投资策略,实现财富的多元化配置。在投资过程中,学会识别和管理风险的方法,从而确保财富的长期稳健增长。

法律与税务问题。了解相关法律法规,合理筹划税务,避免财富流失。

财富的规划传承。为下一代规划财富传承,确保家族财富的延续。

财富的背面。认识财富背后的秘密,通过丰富内心,让自己由内而外变得富有,过上快乐、自由的生活。

此书送给:

在追求财富的路上身心俱疲、事倍功半的你

总有还不完的信用卡、白条、花呗的你

忙忙碌碌赚不到钱,财务上捉襟见肘的你

被消费主义浪潮裹挟,透支未来满足当下的你

热衷投资却让资产不断贬值的你

焦虑、内卷、精神内耗的你

拥有财富却浑然不知的你

目录

第一篇
财富到底是个啥？重新定义财富和认知

第一章　财富的秘密藏在各个方面 / 2

第 1 节　财富思维新架构 / 2

第 2 节　财富容器进化论 / 20

第 3 节　财富的核心是时间自由和社交自由 / 34

第二章　财富非认知之镜，守护财富乃认知之光 / 49

第 1 节　财富认知误区，你踩了几个 / 49

第 2 节　财富核心价值观 / 60

第 3 节　获取财富的核心要素 / 70

第 4 节　财富与认知的非线性关系 / 80

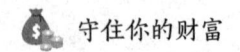

第二篇
堵住财富的漏洞，不让财富反噬自身

第三章 财富"双刃剑"，风险需提防 / 88

第 1 节　家庭财富的几大风险 / 88

第 2 节　你的财富掌控力是否及格 / 105

第 3 节　自查家庭财务状况，抵御未来风险 / 113

第四章 负债管理：学会负债，理解负债，应用负债 / 123

第 1 节　善用良性负债能促进财富增长 / 123

第 2 节　学会用杠杆撬动财富 / 129

第 3 节　不要让恶性负债吃掉财富的种子 / 135

第三篇
守住财富需要积累财富，进攻的必要性

第五章 跑进富人圈，财富的变现路径 / 144

第 1 节　正确认识现金流 / 144

第 2 节　财富积累离不开现金流管理 / 150

第 3 节　收支平衡，现金流才能源源不断 / 154

目录

第六章　财富机遇与投资逻辑 / 161

第 1 节　对于投资的思考 / 161

第 2 节　传统投资项目陷阱不能踩 / 166

第 3 节　学会重新理解时间 / 176

第四篇
财富的底层逻辑

第七章
财富守护与传承：从金融策略到家族管理 / 184

第 1 节　守护财富的具体保护措施 / 184

第 2 节　财富传承，管理财富新视角 / 192

第 3 节　财富保护的法律和风险意识 / 201

第八章　财富的背面：富有且快乐的活法 / 207

第 1 节　淡泊物欲内心丰盈 / 207

第 2 节　富有的身体与灵魂 / 213

第 3 节　拥有别人拿不走的财富 / 218

第一篇

财富到底是个啥？重新定义财富和认知

第一章
财富的秘密藏在各个方面

第1节 财富思维新架构

◆ 真正的财富是什么？

关于"财富"的定义，官方的解释是指具有价值的东西，包括自然财富、物质财富、精神财富等。提到财富人们首先想到的还是钱。比如，那些上了福布斯排行榜的富豪和我们认为的某个大佬级别的人物，主要的就是他们钱多。

所以，财富直白地说就是钱。但如何来判断一个人所拥有的钱是多还是少呢？这是要因人而异的。比如，一个亿万富翁他一天的生活费用要几千元，而一个普通人一天的生活费用可能只需要十几元。那么，在亿万富翁的心里，他可能就认为这一生要赚够几百亿元、几千亿元甚至更多的钱才行；而一个普通人可能认为，这一生赚够几十万元、几百万元就够了。这是因为，富翁的生活和普通老百姓的生活水平不同，所以他们对财富的定义也会有差别。

第一篇 财富到底是个啥？重新定义财富和认知

记得在一期《奇葩说》节目中，观众问马东赚多少钱就够了，马东回答说4亿元，对普通人来说可能4000万元或400万元就已经很不错了。打个比方，同样拥有500万元，在三、四线以下的小城市都属于小康以上的生活水平，买完房车还剩一些；而在北上广这样的一线城市，拥有500万元则实在太普通，买个像样的房子可能还不够。有些人年收入几百万元，还天天喊自己穷，因为他们接触过年收入几千万元的。而有些人年收入几十万元就觉得自己很不错，因为他们身边都是年收入几万元的。

所以，每个人财富到底是多还是少，没有定论，就像开头讲的，是对比出来的。

其实，真正的财富不仅限于钱，而是指一个人或社会所拥有的有价值的资源或资产，这些资源或资产能够满足人们的需求或愿望。所以，对于财富的定义应该是"大量有价值的物质财产或资源"，耐储且可交易。

这些有价值的资源或资产可以是物质的，也可以是非物质的，如知识、技能、品牌、专利等。

对于企业来说，有价值的资源或资产可以帮助其提高生产效率、降低成本、增加市场份额、提升盈利能力等。例如，先进的技术、高效的设备、优秀的人才、独特的品牌等都可以成为企业的有价值的资源或资产。

对于个人来说，有价值的资源或资产可以帮助其提高自身素质、增加收入、改善生活质量等。例如，良好的教育背景、专业技

3

能、人际关系等都可以成为个人有价值的资源或资产。

但需要注意的是，有价值的资源或资产不是一成不变的，它们会随着市场环境的变化而变化。因此，企业或个人需要不断地评估和调整自己的资源或资产，以保持其竞争力和可持续性。

真正的财富应该是经济学所探究的"获利"的学问。在经济学中，获利是指通过合理配置资源和利用成本效益原则来实现利润最大化的过程；而获利的手段或基础包括资源、资产和资本。

资源是生存的凭借物，是天然无主的，谁抢到就是谁的，因全世界资源有限，所以人类才会有危机感。资源无法直接使用，人需要对资源进行转换、提炼再加工等，才可以使用。资源经过赋予价值和确权后变为资产。资产是财富创造的凭借物，有主有所属。资产通过投资、抵押、拍卖等变为资本。资本是投资获利的凭借物，资本的本质是获取利润，利润即财富。

用一句简单的话来概括资源、资产、资本的关系：资源是天然的，通过确权后变成有归属的资产。资产和通过资产创造的财富，经过转换，折算成共同认定的货币，这货币即资本。

具体来讲，资源是指自然界和人类社会中可利用的物质和能量，是财富的基础。例如，土地、矿产、水资源等都是自然资源，而人力资源、技术、知识等则是社会资源。这些资源是人类生产和生活的物质基础，也是创造财富的重要条件。

资产是指个人或企业所拥有的有价值的物品或权益，是财富的重要组成部分。例如，房地产、车辆、机器设备、库存等都是资产，这些资产可以通过市场交易或租赁产生收入，为个人或企业带来财富。

资本则是指用于投资和生产的资金和资源，是财富的核心要素。资本可以通过投资产生收益，促进经济增长和发展。例如，股票、债券、基金等都是资本的表现形式，这些资本可以通过投资或投机产生收益，增加个人财富。

因此，真正的财富就是资源、资产和资本组合而成的逻辑关系。合理配置和利用资源、资产和资本是实现财富增值和可持续发展的关键。

◆ 财富的具体分类

如同无法准确而严格地定义财富，对于财富的分类也不是绝对的，有时候财富可以跨越不同的分类。同时，对于不同的人和不同的社会，对财富的分类也有可能不同。

一般按照财富形态划分，财富可以分为物质财富和精神财富。物质财富是有形的，可以触摸和衡量，如房产、汽车、现金等。而精神财富则是无形的，如知识、技能、经验、人际关系、品牌等。

按照性质划分，财富可以分为自然财富和社会财富。自然财富是自然界赋予的，如土地、矿藏、森林等。而社会财富则是人类社会创造的，如机器、设备、建筑、基础设施等。

按照获取方式划分，财富可分为创造财富和转移财富。创造财富是通过劳动和创新创造新的价值，如创业、发明、创新等。而转移财富则是通过交换和分配现有财富来获取新的财富，如买卖股票、房地产交易等。

按照所有者划分，财富可以分为个人财富和公共财富。个人财富是属于个人的私有财产，如存款、房产、车辆等。而公共财富则是属于社会或国家的财富，如公共设施、国家公园、文化遗产等。

按照价值划分，财富可以分为实物价值和精神价值。财富的实物价值，可以通过市场价格来衡量。财富的精神价值，是指知识、艺术等精神财富给人带来的愉悦和欢喜等的心理满足感。

按照运作模式划分，财富可以分为个人财富和合作财富。个人财富是指自己单独拥有的财富。合作财富是指通过与人合作所创造的共同财富。能够赚取合作财富的人，往往具备一定的稀缺竞争力。如果缺乏竞争力，就很难与人合作创造共同的财富。所以，财富匮乏和只知索取的人之间的合作往往是乌合之众的抱团取暖；而富人的合作往往是强强联合，发挥各自的优势，互不依赖，但又互相信赖。

无论对财富怎么划分，金融财富（金钱）、社会财富（影响力）、身体财富（身体和心理健康）、时间财富（自由）都被视为财富的总和，因为它们都是人们追求的目标，也是人们认为能够带来幸福和满足感的因素。

金钱是财富的一种形式，它代表着经济上的自由和独立。拥有足够的金钱可以让我们购买自己想要的东西，实现自己的梦想和目标。同时，金钱也可以让我们更好地照顾自己和家人，为自己和家人提供更好的生活条件。

地位通常指一个人的社会地位、圈子影响力等。拥有较高的地位可以让我们获得更多的尊重和认可，也更容易获得成功和机会。此外，地位也可以让我们更好地发挥自己的能力和潜力，实现自己的价值。

健康是人们追求的另一个重要目标。拥有健康的身体可以让我们更好地享受生活，实现自己的梦想和目标。同时，健康也可以让我们更好地照顾自己和家人，为自己和家人创造更好的生活条件。

时间也是财富的一种形式。时间是有限的，我们无法控制时间的流逝，但我们可以合理地利用时间来创造更多的价值。拥有更多的时间可以让我们更好地规划自己的生活，实现自己的目标和梦想。同时，时间也可以让我们更好地享受生活，与家人和朋友共度美好时光。

通过对财富的分类，我们可以更好地理解财富的来源和构成，从而更好地管理和利用财富，满足个人和社会的需求。

人人皆能财富自由——财富自由不是自由财富，而是时间自由。

关于财富自由，蔡志忠大师说过这样一句话，他说："你有钱去做自己喜欢做的事，这就是财富自由。"李笑来也给财富自由下过定义，他认为个人财富自由是再也不用为了满足生活必需而出售自己的时间。

财富自由并不仅仅是银行账户里数字的堆积，而是能够支配自己时间的能力。所以，真正的财富自由本质上是时间自主权。

很多人一听"财富自由"就认为是自由财富，事实上，财富自由并不是自由财富。前者是能够自由支配自己的时间，后者是有足够的"钱财"用来支配。

财富自由和自由财富虽然有一些共通之处，但它们的含义和着重点不同。

财富自由主要强调的是财务自由，即有足够的资产和收入，使个人或家庭可以无须为了生活费用而工作。它通常指的是被动收入超过主动收入的情况，即被动收入可以覆盖生活支出，从而使人从工作中解脱出来，实现时间和金钱的自由。而自由财富则更强调财富的自由支配和使用，即个人或家庭可以自由地选择如何使用他们的财富，包括投资、消费、捐赠等。它不仅关注财务自由，更关注财富的创造、管理和使用过程中的自由度。

财富自由的核心是时间自由。它不仅关乎金钱和物质的积累，更关乎一个人如何支配自己的时间，实现生活的自主和幸福。

当你的被动收入产生的现金流可以覆盖你日常生活支出及负债时，你就实现了财务自由。财务自由的核心是时间自由，即你可以自由地支配你的时间，不需要为了生活费用而工作。这意味着你可以有更多的时间去追求自己的兴趣、爱好和梦想，实现个人和家庭的全面发展。因此，时间自由是财富自由的真正意义所在。

准确地讲，如今大部分人追求的并不是真正意义上的财富自由，而是时间自由。希望有足够的时间归属自己支配，不希望太多的时间精力为工作和谋生所耗竭，而要想逃离这种状态，则需要足够的物质财富来兜底，这样才能确保自己不过度依赖工作，可以自由支配自己的时间精力，因此，人们才自然而然地把财富自由作为自己的目标。

当一个人通过创业或投资等方式实现了财富自由后，他们就有更多的时间和精力去追求自己的兴趣和梦想，实现个人和家庭的全面发展。他们不再需要为了生计而工作，可以有更多的时间去陪伴家人、学习新知识、拓展人际关系等。

在这个过程中，财富自由为人们提供了更多的选择和机会，使人们能够更好地掌控自己的时间和生活。因此，从这个角度来看，财富自由不是自由财富，而是等于时间自由。

◆ **每个时代不同的财富逻辑**

财富具有鲜明的时代特征，从历史角度来看，财富在每个时代都有其逻辑变化和鲜明的特征。正所谓，一个时代有一个时代的技术条件，一个时代也有一个时代的财富逻辑。

过去，由于受物理属性和技术条件所限，一个人很难同时为很多人服务，财富增速受限。如今，已进入信息时代，一个人可以同时为几万人甚至几百万人提供服务，辐射面呈几何级扩大，财富可以爆发式增长。

农耕时代虽然物质匮乏，但人们的生活相对稳定，社会秩序相对简单。在农耕时代，拥有大量肥沃土地和丰富自然资源的人往往能够积累大量财富。因此，地主和贵族阶层通常是社会上最富有的群体。

　　工业时代，科技和教育成为获取财富的关键。拥有知识和技术的人通过工作获得高收入，成为社会的中产阶级。拥有工厂、机器和技术的企业家能够大规模生产商品，降低成本，从而获得丰厚的利润。在这个时代，工业资产者逐渐崛起，成为社会上最富有的阶层。在这个时代，大规模生产的同质化产品，无法满足人们小众化、个性化的需求，只有到了信息叠加网络时代，需求才实现细分，同时也有了更多实现财富增值的机会。在这个时代，信息的掌握和传递成为新的财富特征。人们通过分享和传递信息、知识、技术等获取财富。

　　如果放在工业时代，对洛克菲勒说"十年时间可以富可敌国"，他一定认为你说得不切实际。但是，当下的信息时代，字节跳动、腾讯、阿里三大巨头都只用了十多年的时间就实现了巨额财富的积累。

　　过去，一个人创业开店，需要租场地、雇员工，这都是门槛。而今，任何人都可以5分钟免费在手机上注册一个网店。只要你有流量，商家就会找你，帮你上架，代你发货，你不用风吹日晒，也不用搬运摆摊，就能轻轻松松拿到佣金。

　　随着数字技术的飞速发展，如今数字经济已成为推动经济增长的重要力量。在信息时代，数据成为一种宝贵的资源，拥有海量数据和先进分析技术的企业能够在竞争中取得优势。同时，电子商务、移动支付等新兴业态也为创业者提供了更多的财富创造机会。

这个时代的财富不仅取决于物质的拥有量，还与信息的掌握和传递密切相关。人们通过分享和传递信息、知识、技术等，获取新的财富。流量的分发从来都是一门巨大的生意逻辑。

总之，不同的时代会有不同的获取财富的方式和群体。未来，我们将逐步进入以 AI、人工智能为主导的时代，无论是农耕时代的儒家思想，还是工业时代的企业家精神，都会成为过去时。时代会因科技进步带来的生产力革新而不断向前演进，如果你想加入并成为新时代的财富群体，在思想上就不能过于禁锢，要敢于质疑过去，敢于挑战传统的批判性思维，运用时代赋予你的新造富方式去创造财富。

◆ 财富与思维、习惯、能力、学习力、人际关系都相关

一个人的财富跟什么有关呢？其实没有一个确切和固定的答案。可以说，财富与思维、习惯、能力、学习力、人际关系都有关系。这些因素组成了一个人的财富"能量"。

首先，一个人的思维方式对其财富创造具有重要影响。积极、创新和开放的思维方式有助于人发现新的机会和解决问题的方法，从而增加自己的财富。相反，消极、保守和固化的思维方式则可能限制个人的发展和财富积累。人与人之间，会相互影响。如果跟一群积极的人在一起，我们也会变得积极。反之，如果跟一群消极的人在一起，人也会变得负面。而无论是积极还是消极，都是一种思维方式。

其次，人的行为习惯也与财富的积累相关。良好的习惯形成财富积累的基础。例如，节俭、储蓄、投资和计划等习惯有助于个人稳健地管理财务并实现财富增长。相反，过度消费、浪费和缺乏计划等不良习惯可能导致陷入个人财务困境。例如，有些人习惯于将收入的一定比例存入银行或投资于股票和债券。随着时间的推移，这种习惯可能会促使财富的增加。相反，那些没有这种习惯的人可能会发现自己的财务状况不太稳定。有些人可能倾向于节省并适时购买高质量的商品和服务，而其他人则可能更倾向于冲动消费。长期来看，前者的财富积累速度可能会比后者快。再者，有些人可能会避免负债或尽快偿还债务，而其他人可能会过度借贷。这样，前者可能会保持更健康的财务状况，而后者可能会导致债务堆积，进而影响其财富积累。所以，行为习惯对财富的积累有一定的影响。

再次，财富与个人的能力相关性很大。个人的能力，特别是专业技能、领导力、沟通能力等，对于创造和保持财富至关重要。这些能力有助于个人在工作中取得卓越成绩，从而获得更高的收入和更好的职业机会。

复次，持续的学习力也是一个人能力的体现，是个人成长和财富积累的关键因素。通过学习，个人可以不断提升自己的知识和技能，适应不断变化的市场需求，从而增加收入并拓宽财富来源。

最后，建立良好的人际关系对于创造和保持财富至关重要。广泛的人脉网络可以为个人提供更多的机会和资源，有助于其事业发展和财富增长。同时，良好的人际关系也有助于个人在社会中获得认可和尊重，为进一步提升社会地位和财富水平打下基础。例如，即使是一个个人能力很强的人，也不如一个认识很多有资源和有能力的大佬的人获取财富的机会更多、更大。

所以，财富无形，却寄托在有形中。我们看见的任何事物，其背后都隐藏着财富。

财富的"无形"指的是它的非物质特性。例如，一个人的财富并不仅仅是他所拥有的物质财产，还包括他的知识、技能、经验、人际关系等非物质资产。这些资产是无形的，它们虽然不具有物质的形态，却同样具有价值。

财富"寄于有形中"指的是财富是通过物质或具体的事物表现出来的。例如，一个人的财富可以通过他所拥有的房产、股票、存款等物质财产来体现，也可以通过他的收入、社会地位、影响力等具体的事物来体现。

所以，要用无形的东西去影响有形之物。当我们能够超然驾驭对财富的感知力时，就会发现，获取财富的途径变多了。

◆ **财富≠资产，重点累积生息资产——财富和资产之间的关系与转化**

很多人把财富错当成资产，事实上，这二者并不是一回事。财富通常是指一个人的总资产，包括现金、存款、房产、股票、珠宝等有价值的物品。而资产则是指某个人或组织所拥有的经济资源，包括生产资料、流动资金等，可以通过投资、经营等活动获取收益。

可见,财富的范围更广,资产的范围更狭窄。在表现形式上,财富的表现形式多样化,包括物质财富和精神财富,如房产、股票等是物质财富,而知识、技能等是精神财富。资产则主要表现为货币或货币等价物,是一种具体的经济资源。但在流动性上资产的流动性比财富更强,例如现金和存款等资产可以随时变现,而房产等财富则可能需要较长的时间才能变现。财富的价值通常是通过市场价格来衡量的,而资产的价值则可能因为市场供求关系、折旧等因素而发生变化。

◆ **财富虽不等于资产,但二者之间存在密切的关系,在一定条件下可以相互转化**

首先,资产是财富的重要组成部分。一个人的财富通常包括其拥有的各种资产。这些资产具有经济价值,可以通过出售或出租等方式获得收益,从而增加个人的财富。

其次,财富也可以转化为资产。当一个人拥有足够的财富时,他可以利用这些财富购买更多的资产,进一步增加自己的资产规模。例如,一个人可以用他的现金购买房产或股票等资产,从而获得更多的经济资源。

最后,资产也可以带来财富的增加。当一个人拥有的资产能够产生收益时,这些收益可以增加他的财富。例如,房产的租金收入、股票的股息和资本增值等都是资产带来的收益,可以增加个人的财富。

需要注意的是,财富和资产之间的转化并不是单向的。有时候,人们可能需要将资产转化为现金等流动性更强的财富形式,以满足特定的需求或应对风险。此外,市场波动、经济环境变化等因素也可能影响财富和资产之间的转化与价值关系。

因此,在财务管理和投资决策中,需要根据个人的情况和市场环境等因素综合考虑财富和资产之间的关系与转化,制定合理的财务规划和投资策略,以实现财富的保值增值和资产的优化配置。

财富和资产具有相似性和相关性,但在管理方面,二者却不同。财富管理和资产管理是紧密联系的上下游关系,守护财富的目的是获得更多的资产,对资产实现科学的配置是对财富更规范的管理。

想要把资产变成真正的财富,就要重点累积生息资产(能够持续产生收益的资产)。重点累积生息资产的配置和管理通常基于以下几个因素。

一是收益性。重点累积生息资产通常具有较高的收益率,能够为金融机构带来可观的收益。

二是安全性。重点累积生息资产通常具有较好的安全性和稳定性,风险相对较低。

三是流动性。重点累积生息资产应具备良好的流动性,能够在需要时随时变现。

四是资本占用率。重点累积生息资产通常需要占用的资本较少，有助于提高金融机构的资本利用率。

在重点累积生息资产的配置和管理中，需要综合考虑以上因素，制定合理的配置和管理策略，以确保资产的安全性、收益性和流动性。同时，金融机构还需要定期评估和调整配置和管理策略，以适应市场环境和经营需求的变化。

财富本身具有属性和特征。财富的属性和特征可以从多个角度来探讨。财富的第一个属性是实质性的属性，如房子、车子、票子，这些具备实物形象的财富就是实质属性。这个属性体现了货币交换的价值。第二个属性是抽象的知识，比如人的知识增长，财富也会相应增加，或者说知识本身就是财富的一种。第三个属性是在某段时间与人共同谋事的能力，单位时间内人脉越广，财富相应也会越多。知识和人脉是财富的抽象部分，所以，要努力提升学识、积累人脉，总有一天会变成财富。

财富的特征：一是具有价值，它可以是实物资产，如房屋、土地、珠宝等，也可以是无形资产，如知识、技能、品牌等。这些财富可以为人们提供物质和精神上的满足感，具有内在的价值。二是具有流动性，财富可以被用来交换、买卖或投资，从而成为人们获取收益、改善生活的重要手段。三是财富具有多样性，它不仅包括物质财富，还包括知识、技能、健康、人际关系等无形财富。这些财富可以为人们提供不同的支持和满足。

财富不但具有属性和特性，还可以被量化，但量化方式因财富类型和目的而异。对于有形财富，如现金、股票、房地产等，通常通过市场价格或资产评估方式进行量化。比如，房屋的价格可以通过房产评估或市场交易来确定，股票的价值可以通过市场价格或公司市值来衡量。

例如，投资者可以通过房地产市场的价格和价值来量化所要购买或出售的房产，以确定购买或出售的时机。同时，房地产的租金收入、增值潜力等也可以通过量化方法进行评估。股票投资：股票市场提供了丰富的量化工具和指标，如市盈率、市净率等，投资者可以通过这些工具和指标对股票进行量化评估，以制定投资策略和决策。金融衍生品如期货、期权等可以通过量化方法进行定价和风险控制。投资者可以通过对衍生品合约的买卖实现资产的增值和风险管理。艺术品投资：艺术品市场的价值评估需要专业的知识和经验，但通过量化方法可以对艺术品的价值进行评估和比较，以确定购买或出售的时机。

对于无形财富，如知识、技能、品牌、声誉等，则需要进行主观评估或基于特定指标的量化。比如，一个人的技能水平可以通过其在特定领域的表现、证书或经验来衡量，品牌的价值可以通过市场份额、品牌知名度、消费者忠诚度等指标来评估。

当然，财富的量化并不总是精确的，尤其是在复杂或抽象的财富类型上。例如，评估一个人的价值观、性格特征或情感状态等主观财富时，量化可能会面临挑战。因此，在量化财富时需要明确目的和范围，并采用适当的方法和指标进行评估。

守住你的财富

◆ 打破宿命论，财富流转有迹可循

在财富的创造、保有和传承过程中是有规律和趋势可循的。于是，很多人对于财富的多寡和是否能够守住财富具有"宿命论"的观点。比如，第一代艰苦创业，第二代开始享受，第三代则逐渐衰败。还有一种宿命论认为一个人"命里有财"或者"无财"是"上天注定"的，个人的努力和选择只是命运的表现，个人无法改变自己的命运。

这样的宿命论观点是存在一定争议。反对这个观点的人认为，一个人的财富和命运并不完全是上天注定的。个人的努力、智慧和机遇都会对一个人的财富产生影响。通过努力工作、学习和创业，甚至认识不同领域具备实力的人，可以改变命运，实现财富增长的目标。

其实，抛开宿不宿命论不谈，现实中，财富既不是固定不变的，也不是唾手可得的。财富是一种无形不定量的能量和价值的交换，具有流转的属性，有个简单的公式：创造价值≈财富。

我们知道货币起源于物物交换，在原始社会，人们使用以物易物的方式获得自己所需要的物资，如一头羊换一把石斧。但是有时候受到用于交换的物资种类的限制，不得不寻找一种能够被交换双方都接受的物品作为交换介质。这种物品就是最原始的货币。牲畜、盐、稀有的贝壳、珍稀的鸟类羽毛、宝石、沙金、石头等不容易大量获取的物品都曾经被当作货币使用过。货币除了是物物转换的中介，它本身也是能量转换的产物，即货币由能量转换而来。

例如，汽车大王福特不是一个吝啬的人，但他却很少捐款。他认为，金钱的价值并不在于多寡，而在于使用方法。他最担心的就是捐款会落到不善于运用它们的人手里。有一次，佐治亚州的贝蒂校长为了扩建学校来请求福特捐款，福特拒绝了她。贝蒂说："那么就请捐给我一袋花生种子吧。"于是福特买了一袋花生种子送给了她，福特后来忘了这件事。直到一年后，贝蒂再次登门，交给了福特 600 美元。学生们播种了当初的那一袋子花生种子，这 600 美元是一年的收获。福特什么都没说，立即开了一张 600 万美元的支票给贝蒂。

为什么福特最初不捐，看到了校长带来的花生收入后又慷慨捐助了呢？因为福特作为一个经营有道又知道财富意义的人，他看到了一种正能量，这种能量让他非常放心把钱交给这样的学校和校长。作为校长和孩子们，同样向福特传达了一种能量，就是善待钱财，回馈别人的付出，让钱变得有价值。福特的"吝啬"绝非多余，太轻易得来的金钱往往很难让受施者领悟到金钱背后饱含的苦与智。其实这就是慈善和公益的本质区别。慈善为得心安，而公益则更强调循环。

能量是一种看不见的东西，钱是一种看得见的东西，而看得见的钱是由一种看不见的能量转化而来的。既然钱是由能量转化来的，那么能量存在于哪里呢？它既不存在于我们某个人的手上，也不存在于某一个地方，它存在于地球上任何一个有形的可以用来交换的物质上。根据这个逻辑推理钱是物质，物质是地球的，那再多

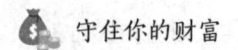

的钱财都是世界的，是这个宇宙的。

财富的宿命论并非绝对，但它的存在提醒人们要珍惜财富，认真思考如何将财富传递给下一代，并制定有效的财富管理策略来对抗财富的生命周期。

第2节　财富容器进化论

◆ **财富容器是什么？**

我们每个人都是自己财富的容器，想要让自己拥有财富，你得让自己更有价值，只有成长为更大的容器，才能承接和吸引更多的财富。财富容器是指一个人能够拥有多少财富的容量。财富容量越大，意味着一个人拥有越大的财富承载力。

每个人都有潜力和能力去创造和积累财富，关键在于他们如何去管理和利用自己的资源和机会。

首先，每个人都有自己的优势和才华，这些都可以转化为财富。例如，有些人善于创新和发明，他们可以通过创造新的产品或服务来获得财富；有些人善于管理和投资，他们可以通过经营企业或投资股票来获得财富。

其次，每个人都有自己的资源和机会。这些资源和机会可能是自己的工作、家庭、社交圈、地理位置等。人们可以通过利用这些资源和机会，创造更多的财富。例如，有些人可以利用自己的地理位置优势，开办餐馆或旅游业务；有些人可以利用自己的社交圈优势，开展营销或销售业务。

最后，人们需要不断学习和提升自己的能力和知识，以更好地管理和利用自己的财富，这包括学习财务管理、投资、市场营销等方面的知识和技能。

财富容器并不是不变的，它是由体积（能装多少水）和源头之水（外部流入的水）决定的，就像职业发展中的专业能力、领导能力、心智模式，这些可以随着个人变强而使其三维体积变大。

财富容器就像我们的杯子一样，杯子越大，装的东西就越多。我们的财富容器越大，结构越完整，我们的财富基本盘越扎实，我们的财富就会越多！

因此，在积累财富和守护财富的过程中，要把自己想象成一个装财富的容器，如果你的财富很多，但你的容器很小，财富就会从容器中漫出来，再多的钱也会留不住。你的财富必须匹配你的容器，只有容器变大，才能收纳更多的财富，同时也才能吸引更多的财富进来。

明白了财富容器的内涵，我们要了解到自己是唯一的转化器，这意味着遇到事情的时候，不需要从外面找答案，只需要在自己身上去找改变的方法，一旦找到了之后，外面的事情就会随之发生改变，这是创造财富的基本功。

财富的容器还与材质和耐久度有密切关系，材质的不同就会导致抗压力和周期性不同，从而发现获得财富反而容易，但是承载和传承财富更考验一个人的智慧。我们看到很多人不是不挣钱，而是守不住，我们不追求只有几年有钱，我们要追求一辈子甚至几辈子都有钱。

◆ 容器的内部扩容和外部扩容

在财富容器中，容器的扩容可以分为内部扩容和外部扩容两种方式。内部扩容也就是你的财富基本盘，包括一个人在财务方面的核心能力和状况，即个人的收入、支出、储蓄、投资等方面的构成和状况，以及个人在财务管理和规划方面的能力和习惯。

财富基本盘的构成因人而异，但通常包括以下几个方面。

1. 财富的认知。如何挣钱？理解世界的运行规律，构建一套最底层的财富逻辑。

2. 支出状况。个人的主要支出项目和费用，包括日常生活开支、房贷、车贷等。

3. 储蓄能力。个人是否有良好的储蓄习惯和能力，以及储蓄的金额和投资方向。

4. 投资组合。个人投资组合的构成和状况，包括股票、基金、债券、房地产等。

5. 财务管理和规划能力。个人在财务管理和规划方面的知识和能力，包括财务目标设定、预算制定、风险管理等方面的能力。

除了以上几个方面，个人能力是财富基本盘的核心。一个人如果没有足够的能力，很难在财务方面取得长期的稳定和增长。这种能力包括专业知识、技能、经验等，以及在财务管理和投资方面的能力，如制定预算、储蓄计划、投资策略等。只有具备这些能力，才能更好地规划和管理自己的财务，实现财富的积累和增值。另外，人脉关系也是财富基本盘的重要组成部分。一个人的人脉关系较广可以为其提供更多的机会和资源，如工作机会、合作伙伴、投资建议等。同时，人脉关系也可以帮助个人更好地了解市场和行业动态，获取更多的信息和资源，从而更好地规划和实现自己的财务目标。一句话，内部扩容就是要提升自己的吸引力，你是什么人，就会吸引来什么样的人和事。你优秀，就会吸引同样优秀的人。

那么，外部扩容就是要学会觉察你所拥有的能力和人脉。也就是从头脑中跳出来看自己，看自己过去做的事情，去反思。然后发现自己的长项和短板，并学会分析和提升认知，了解金钱本质是价值交换的媒介。看到机遇和趋势的背后，然后抓住机遇去行动、去入局，而不是盲目入局。在行动中要不断纠偏，调整方式方法。

去思考你现在从事的工作和事业，有没有提升个人能力，有没有帮助你累积真正的人脉，如果没有的话，这份工作可能会越做越辛苦，间接地会影响财富的积累，会失去创造财富的叠加效应，也意味着你没有打造真正的财富基本盘。容器的判断不仅只有大小，还有材料、耐磨度、美观度等。世界上总有一群人财富不多，但是很幸福，不希望扩大容器的人，大有人在。我说的容器是无形的财富理解和承载能力。举例来说：企业家把自己的财富装在公司和

守住你的财富

团队，艺人把自己的财富装在手艺和技巧或者产品里，很多有钱人把财富装在金融资产里，老百姓装在房子里等。为什么有人有了钱后消费和投资的东西差异巨大？到底是什么左右了他们的容器和财富？

因此，想要扩大自己的财富容器，就不能违背客观规律，更不能相信投机取巧和一夜暴富，只有顺应规律，才能够创造并维持财富。哪怕最初创造财富的速度比较慢，但通过内部和外部的扩容，打下坚定的基本盘，你的财富也会累积得越来越多。

◆ 财富的平流层、逆流层和顺流层

财富容器有大有小，财富也分层次。财富具有平流层、逆流层和顺流层三个不同状态。财富的平流层、逆流层、顺流层是一种形象的比喻，用于描述不同人的财富状态和财务状况。

平流层代表着一种稳定、按部就班的财富状态。处于平流层的人可能有着稳定的收入和支出，没有太多的财务压力和风险。他们可能注重储蓄和理财，追求财富的稳步增长，但可能缺乏冒险和创新的勇气。处于财富平流层的包括那些拥有稳定工作和收入，没有太多财务压力和风险的人。他们可能是一些公务员、教师、医生、工程师等，他们的工作稳定，收入稳定，而且通常享有相对完善的福利保障，如医疗保险、退休金等。

这些人在财务方面通常有足够的收入和储蓄，来应对日常生活和突发事件，不需要承受较大的经济压力。他们可能有一些投资和理财计划，但可能缺乏更大的财务目标和追求。财富平流层的人比较注重家庭、健康和生活品质，他们会花费一定的时间和金钱来维护自己的家庭关系、健康和休闲娱乐。

逆流层代表着一种困难、挑战性的财富状态。处于逆流层的人可能面临各种财务问题，如债务、失业、疾病等，需要承受较大的经济压力和风险。他们可能缺乏有效的财务规划和风险管理能力，无法有效地应对困难和挑战。

例如，某人在经济危机期间失去了工作，并且背负着大量的债务。由于找不到工作，这个人只能依靠微薄的积蓄维持生计，同时还要支付高额的债务利息。随着时间的推移，他的财务状况越来越糟糕，生活水平也急剧下降。财富逆流层的特点，即财务状况不断恶化，生活水平急剧下降。处于财富逆流层的人通常需要承受较大的经济压力和风险，缺乏稳定的收入和储蓄，难以应对日常生活和突发事件。

对于财富逆流层的人，需要积极寻求解决方案，如寻求新的就业机会、削减开支、协商债务重组等。同时，也可以寻求专业的财务规划和投资咨询服务，制订合适的财务计划和投资策略，逐步改善自己的财务状况。

顺流层则代表着一种富足、充裕的财富状态。处于顺流层的人拥有足够的财富和自由度，可以享受生活中的美好事物。他们可能拥有高净值资产、投资组合和多元化的收入来源，能够轻松应对经济波动和风险。他们具有强烈的理财意识和投资能力，能够有效地规划和管理自己的财务状况。

处于财富顺流层的人，往往是那些拥有极强的觉知力，经常处在富有而喜悦的状态之中，并能吸引生命中许多美好的事物来到身边的人。他们的特征为喜悦、庆祝、热情和有意义的生命，享受着时间自由、财富自由、心灵自由的乐趣，充满着富足。他们不需要工作赚钱来维持生计，因为他们的投资收益已经足够支撑他们的生活。他们可以完全按照自己想要的生活方式来生活，并不求回报地给予别人，因为他们拥有足够的财富。

无论处于平流层还是逆流层，都需要掌握财富流的奥秘，都需要学习销售技巧、了解人性和金钱的运作方式，以提高自己的财商思维。要学会用杠杆，去撬动财富、能力、人脉，而这就是实现阶层跃升的最好工具。

这三个状态会始终伴随着我们一生，它们类似财富的季节交替，一成不变是一件可怕的事，高手都是等待机会，持有资产，抗住周期，高价卖出，所以有钱人是会有没钱的时候的，所以真正的有钱人不会拉升自己的欲望，而是会做一个耐心的猎人，穿越周期。

◆ **财富容器不同创造资产的方式不同**

我们每个人每天都只有 24 小时，这是世界上最公平的事情，可是，每个人拥有的财富却完全不同。本质上，这是由于创造财富、创造资产的方式不同。

不同财富容器的人，创造财富和资产的方式不一样，这是因为每个人的财务状况、能力和人脉关系等因素都不同。一些人可能拥有稳定的收入和储蓄，没有太多的财务压力和风险，处于财富平流层；而另一些人则可能面临各种财务问题和挑战，处于财富逆流层。

不同的人有着不同的财富容器，这也就可以解释为什么一些人能够轻松地积累财富，而另一些人则难以实现财务自由。除了财务状况和人脉关系等因素外，个人的能力和投资策略也是影响财富容器的重要因素。

一些人能够通过工作获得稳定的收入，并通过储蓄和投资来增加自己的资产。虽然这种方式通常需要较长时间的投资和积累，但风险相对较小。另一些人可能拥有特定的技能或资源，可以通过创业、投资或房地产等方式来快速积累财富。虽然这种方式可能存在较高的风险，但也可能带来更高的回报。还有一些人通过继承或婚姻等途径获得财富。虽然这种方式不需要个人付出太多的努力，但需要具备一定的运气和机会。

再者，创造财富的方式也是分级的。

第一级，依靠出售体力换取财富，属于最低层级，基本上很难有财富的剩余。如果依靠出卖体力积攒了一些盈余，然后再去购买一些资产，这属于靠体力赚钱的第二个层次。

第二级，依靠技能获取财富。本质是出售技能产生的结果，以体力型为主，如一些拥有技能的电焊工、泥瓦工和厨师等。

第三级，以出售时间获取财富。绝大部分人以月为单位出售自己的时间，然后领取薪水，这是大部分人获取收入的方式，这样的收入往往呈现金字塔状，只有极少一部分人能够获得财富自由。

第四级，依靠出卖知识产权赚钱，本质是把自己的一份时间多次出售，如讲师、作家、作曲家、专利拥有者、明星等。处于这一级的人可以一次投入时间，在未来长时间获利或多次获利，前提是要让别人足够认可自己的代表作或买你的知识。

第五级，靠小企业赚钱，一些小企业主通过购买其他人的时间，创造价值来获得财富。

第六级，靠创办大企业获得财富，一般指企业拥有100~1000人的企业主。这样的企业生存能力强，产品也有竞争力，未来的发展路径也明确，因此获得的资本扩张路径广泛，积累财富也就很容易。

第七级，靠资本进行财富积累。通过投资不同企业的不同阶段，获得高额回报。这会形成一种"强者越强，资源越多选择越多"的正向循环。

第八级，靠体系赚钱。这个体系里包括人脉、高质量信息、资本、各种技术等。靠体系赚钱的人往往基数非常大，具备积累财富的基数和稳定性。如中国慈善企业家曹德旺的福耀集团，日本首富孙正义创办的软银等。

作为个体，想要扩大财富容器，不应在某一级别里提升，而应跨越所在等级，朝着更高的等级去发展。例如，如果是个依靠出卖体力的人，就要想着跃升到出卖时间和知识。

因此，每个人出身不同，拥有的资源不同，创造资产和财富的方式不同，那么呈现出来的容器状态也不同。当然，财富是一个客观的衡量，如果能通过财富的变化，不断完善自己，不断超越自己，也是可以不断使财富容器扩大的。

◆ **财富也有饱和度，超过和不够都不好**

饱和度通常是指色彩的鲜艳程度，也称为色彩的纯度。但饱和度也可以象征人们对生活的热情、情感的丰富性以及内心的满足感。

饱和度代表一种"刚刚好"的状态，表示事物达到了一定的水平和程度，但并不是过度或过分的状态。在许多领域中，饱和度被用来描述这种最佳的平衡状态。

财富也是如此，过犹不及。财富的饱和度是一个人在拥有一定财富后所获得的满足感和幸福感。当一个人拥有足够满足自己需求的财富时，他们会感到满足和幸福，即财富的饱和度高。相反，当一个人拥有大量财富，但仍然感到不满足或空虚时，说明他们的财富饱和度不适配（超了或者不够）。

财富的饱和度受到多种因素的影响，如个人的价值观、生活目标、心理需求等。不同的人对财富的满足感有不同的标准。有些人可能认为拥有足够的生活费用和物质享受就足够了，而有些人则追求更多的财富和更高的生活品质。

财富的饱和度也受到社会和文化因素的影响。在不同的社会和文化背景下，人们对财富的看法和价值观也会有所不同。例如，在一些社会中，拥有更多的财富被视为成功和地位的象征，而在另一些社会中，人们可能更注重精神满足和社会贡献。

理解了财富的饱和度，才能用更加健康的心态去看待财富。财富的适度积累可以为我们提供更好的生活质量和未来的发展机会，但过度的财富追求可能会导致不健康的心态和生活方式，甚至会对社会和环境造成负面影响。

首先，过度的财富追求可能会导致心理上的问题。有些人会为了追求更多的财富而忽略了其他重要的生活方面，如家庭、健康和人际关系等。这种不健康的心态和生活方式可能会导致心理上的焦虑、压力和不平衡感，最终影响个人的幸福感和生活质量。

其次，过度的财富追求可能会对环境和社会造成负面影响。为了追求更多的财富，一些人可能会采取不道德或非法的手段，如欺诈、贪污和环境污染等。这些行为不仅会对个人和社会造成负面影响，还会破坏自然环境和生态平衡，对未来的可持续发展造成威胁。

最后，过度的财富追求还可能导致资源的浪费和社会的分化。大量的财富集中在少数人手中，可能会导致资源的过度消耗和浪费，同时也会加剧社会的贫富悬殊和不公平现象，影响社会的稳定和发展。

那么，如何找到适合自己的财富饱和度呢？这需要从多个方面进行综合考虑。

第一，需要明确自己想要达到的财富水平。这不仅包括物质财富，也包括精神财富和社会地位等。明确的目标可以帮助你制订合理的财务计划和投资计划，从而实现自己的财富梦想。

第二，制订合理的财务计划是提高财富饱和度的关键。需要根据自己的目标和实际情况，制订出合理的预算、储蓄和投资计划。在制订计划时，要考虑到自己的收入、支出、风险承受能力和投资偏好等因素，以确保计划的可行性和可持续性。

第三，调整收入结构是提高财富饱和度的重要途径。可以通过提升自己的技能、寻找更好的工作机会、创业或投资等方式增加收入。同时，你也可以通过理财和投资来增加被动收入，从而更好地实现财富的积累和增值。

第四，理性消费和储蓄是提高财富饱和度的关键。你需要根据自己的实际需求和财务计划，来合理安排支出和储蓄，要避免盲目消费和浪费。同时，你还可以通过比较不同产品和服务的质量和价格，选择更经济实惠的选项，降低不必要的支出。

第五，培养心理满足感是提高财富饱和度的重要方面。培养自己健康的心态和价值观，不要把财富作为唯一的幸福标准。通过追求自己的兴趣爱好、社交活动等方式，培养自己的内心满足感，从而更好地享受财富带来的幸福和快乐。

◆ 财富是盘棋，棋盘一边是资源，一边是时间

财富的产生是一个复杂的过程，涉及多个因素和力量的相互

作用。但最核心的两个因素则是资源和时间。有了资源可以节省时间，同理，有了时间也可以换来资源。两者存在一定的转化关系，越厉害的人对自己资源和时间的转化率越高。

财富可以被视为时间和资源的双重积累。时间的积累是财富形成的重要因素之一。通过长期的努力和积累，人们可以在自己的领域中获得更多的经验和知识，提高自己的技能和能力，从而获得更多的机会和收益。这种时间的积累往往需要耐心和毅力，需要人们持续不断地学习和进步。时间是不可逆的，一旦浪费了就无法挽回。在追求财富的过程中，我们需要合理地规划和管理时间，尽可能地提高时间的利用效率。通过有效的利用时间，我们可以更加专注于自己的目标和计划，减少不必要的浪费和焦虑。

资源的积累也是财富形成的另一个重要因素。人们往往通过工作、投资等方式来获取资源，如金钱、资产、知识和人际关系等。这些资源可以被用来创造更多的价值，如创业、投资和理财等。通过有效的利用和管理这些资源，人们可以获得更多的财富和收益。在资源的积累过程中，我们需要注重有效性和可持续性，尽可能地发挥资源的最大价值，避免浪费和过度消耗。

在财富的积累上，资源和时间并不是孤立的，二者相互关联并相互影响，资源的积累需要时间的投入和积累，而时间的利用也需要资源的支持和保障。

例如，创业者和企业家通常需要投入大量的时间和资源来推动企业的发展。他们需要寻找和利用各种资源，如资金、人才、技术等,同时也要合理规划和管理时间,以提高企业的运营效率和竞争力。在这个过程中,资源、时间的合理配置和利用可以让两者相互促进,从而推动企业的发展和财富的积累。

投资者通常需要掌握各种投资工具和市场信息,以做出明智的投资决策。他们需要投入时间和资源来学习和研究市场动态、分析投资标的,同时也要合理规划和管理时间,以确保投资的盈利和风险管理。在这个过程中,资源的有效利用和时间的合理规划可以相互促进,从而提高投资者的收益和财富积累。

个人财务管理和财富规划是实现财务目标的重要手段之一。人们需要合理规划和管理自己的财务资源,如收入、支出、储蓄和投资等,同时也要合理利用和管理时间,以提高自己的财务规划和财富管理能力。在这个过程中,资源的有效利用和时间的合理规划可以相互促进,帮助人们实现财务自由和财富积累。

教育和知识积累是提高个人和社会财富创造能力的重要手段之一。人们需要投入大量的时间和资源来学习和获取知识,同时也要合理规划和管理时间,以确保学习的效果和效率。在这个过程中,资源的有效利用和时间的合理规划可以相互促进,并提高个人的知识水平和能力,从而让个人获得更多的财富和机会。

因此,在追求财富的过程中,我们需要综合考虑资源和时间的关系,制订合理的计划和策略,以实现最佳的财富成果。

第3节　财富的核心是时间自由和社交自由

◆ 当下经济转型期人们的困惑与焦虑

什么是经济转型呢？一般包括发展模式、发展要素、发展路径等的转变。从国际经验看，不论是发达国家还是新型工业化国家，无一不是在经济转型升级中实现持续快速发展的。经济转型是经济结构的根本性改变，是经济增长方式的转变，也是经济体制模式的转变。具体来说，就是从计划经济向市场经济的转变；从粗放型向集约型的转变；从数量型向质量型转变；从传统型向数字化转变。

随着科技的快速发展和全球化的深入推进，传统行业受到冲击，新兴产业不断涌现，这让许多人感到无所适从。

一方面，经济转型带来了新的机遇和挑战。人们需要不断更新自己的知识和技能，以适应市场的变化。同时，新兴产业的兴起也为人们提供了更多的就业机会和发展空间。但另一方面，经济转型也带来了许多不确定性和风险。传统行业可能面临破产或裁员的风险，新兴产业也存在着激烈的竞争和不确定性。

经济转型还可能带来社会分化的问题。一些人能够抓住机遇，获得更多的财富和地位，而另一些人则可能陷入贫困和社会边缘。这种分化可能会加剧社会的不平等和紧张，引发一系列社会问题。

经济转型对于当下人们造成的影响是多方面的。

第一，经济转型对人们的就业产生影响。随着新兴产业的发展，会有一系列新的工作岗位涌现，为人们提供更多的就业机会。同时，经济转型也会对一些传统行业造成冲击，导致一些岗位消失或减少，一些人可能会面临失业的风险。

第二，经济转型也会对人们的生活品质产生影响。随着经济的发展和收入水平的提高，人们的消费需求也会发生变化。经济转型会让人们更加注重品质和个性化，对于休闲娱乐、旅游和文化艺术等方面的需求也会增加。这也会促使相关产业的发展，为人们提供更多的选择和享受。

第三，经济转型还会对人们的教育和培训产生影响。为了适应市场的变化和新兴产业的需求，人们需要不断更新自己的知识和技能。因此，教育和培训部门需要跟上市场的变化，以提供相应的课程和教育服务。

经济转型类似季节交替的时候，气温还不太稳定，人们都是乱穿衣，因为体感不同，所以穿的衣服也大相径庭，当然还有个人体质问题，因此不要看别人做工作，我们应该根据自己的感受和实际情况制订方案和对策。

经济转型期对不同阶层的人产生的影响也是不同的，而这也是造成人们困惑与焦虑的原因。尤其对低收入阶层来说，经济转型可能会加大生活压力。如果不具备符合新兴产业需求的知识和技能，会导致就业机会减少和收入下降。同时会导致社会福利的减少，进一步加剧他们的贫困状况。对于中产阶级来说，传统行业就业机会减少，使他们的职业方向发生改变，中产阶级需要不断更新自己的技能和知识，以适应不断变化的市场。对于高收入阶层的人来说，经济转型可能会为他们带来更多的投资机会和财富增值。新兴产业的发展和高科技的应用也可能会为他们带来更多的商业机会和创新收益。

我国制定的2025年制造业规划、2035年现代化规划，都是为了实现产业结构的优化升级，发展高端制造业、高科技产业，以消费驱动经济增长。在这个过程中，每个人都难免会感受到经济转型期的阵痛。

在经济转型期，每个人的收入都有可能受到影响，熟悉的赚钱方式也会发生改变，家庭财务风险增加，但个人命运存于时代洪流之中，无法置身事外，这个时候我们就可以做到以下几点，尽量从容面对。

首先，多元配置健康理财。合理控制开支，确保收支平衡，保证充足的流动性以应对未来风险和紧急事件。在配置了充足的防守型、稳健型资产之余，可以寻求专业机构的帮助，投资未来，享受时代发展的红利。

其次，提升自身能力，丰富收入来源。无论任何时期的经济转型，通过不断学习更前沿的知识和投资思路，接触更丰富的投资产品，就能增加财务弹性、降低经济风险。

最后，保持理性乐观的心态。经济周期循环往复是人类社会不变的规律，非个人力量所能改变。我们每个普通的个体都要保持理性和乐观的心态，只有不过度焦虑，才能稳住心态抓住下一次机遇。

◆ 经济危机的本质是大家对环境的信心不足

市场的波动和经济转型的背后都是成千上万个活生生的人，他们的恐惧、贪婪、梦想和失望，交织在一起推动了经济大环境的改变。

在经济世界里，信心是推动力也是毁灭者。经济的繁荣离不开信心驱动，如果大家觉得前景一片光明，那么就敢于借债、投资、扩张。如果信心瓦解，所有的美好的预期也会化为泡影。

所以，经济危机的本质是大家对环境的信心不足。这种信心不足可能是由于多种因素的综合作用，如个人经历、市场环境、政治经济形势、竞争环境等。

缺乏信心的企业家可能会错过商机，采取保守的商业决策，错失创新和发展的机会，从而削弱经济发展的潜力。此外，缺乏信心的企业家还可能会在竞争中处于劣势地位，影响企业的市场地位和声誉。

对经济环境缺乏信心的个人，他们可能会减少消费，减少购买大件商品或服务，增加储蓄，以应对未来的不确定性和可能的危机。在投资方面他们可能会更加谨慎地进行投资，会避免高风险的投资，并倾向于选择稳定的投资方式。由于对经济环境缺乏信心，

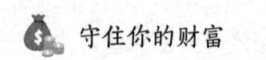

他们会感到就业不稳定，担心自己的职业前景和未来发展。有一大部分人可能会面临财务困境，导致生活水平下降。

一个社会的信心不是平白无故产生的，首先资本和企业得有信心，企业有信心，资本有信心，才会投资，才会创造工作岗位，同时也才能带给普通人信心。

当然，对于经济危机，人们的看法也分两派：一派是乐观者，一派是悲观者。无论是乐观还是悲观，因涉及经济的变数很多，政策和市场、政治和军事、国内和国际等这些因素对经济都能带来很大影响，而这些因素都充满变数，基于变量很难得出常量，预测经济确实有一定的难度，所以乐观和悲观都不能代表经济走势。

为了恢复信心，政府和企业也在不断采取措施提振经济。例如，提供稳定的市场环境、加强监管、提高透明度、鼓励创新和创业等。政府在基础设施等领域增加公共投资，创造就业机会，刺激经济增长。同时，政府也在采取积极的财政政策，增加公共投资，刺激经济增长，提高大家的信心。

无论个体对未来的信心有多少，对人类的信心都应当保持，要相信文明会战胜野蛮。即使在原地打转的文明，也会有走出轮回的那一天。

◆ 压力的根源是欲望和攀比

压力的根源是欲望和攀比，因为人们总是想要得到更多，而这种欲望往往会导致不满足和焦虑。当人们与他人比较时，可能会感到自己的成就、财富或地位不如别人，从而产生自卑和压力。

以前人们的欲望和攀比相对比较和缓，只限于跟周边的人进行比较。但随着科技发展网络发达，社交 App 普及，我们可能会从嫉妒身边人开始扩展到跟所有人，包括陌生人攀比。这种攀比心理在社交媒体时代更加普遍，因为人们可以轻易地看到别人的成功和美好生活，而自己的生活与之相比就会显得黯然失色。这种比较往往会导致压力和不满，而不是激励人们努力追求自己的目标。

有了欲望和攀比，痛苦和压力也就随之而来。

例如，《西游记》中"祸起观音院"的片段，本来金池长老已经有很多柜子袈裟，但在看到唐僧的袈裟后却想要占为己有，欲望和攀比心起，企图得到唐僧的宝贝袈裟，让吃喝不愁的金池长老先有贪念后起杀心。最后在羞愧惶恐中，跌入火中自焚而死。

所以，普通人的压力根源，一小半源于生存，一大半源于欲望和攀比。

欲望是一个中性词，因为正是欲望推动了人类文明的发展。但同时，欲望太多的话就成了"膨胀"。当我们满足了一个小目标之后，很少有人就此满足，而是会产生更大的、需要继续追逐的目标。这样一来，由欲望变大形成的更大目标，会带来许许多多的任务，而这些任务压在我们身上，让人倍感压力。如此就会形成一个循环：欲望是无止境的，有了小目标还想要大目标。

恐惧是人人都有的，无论什么阶层、什么圈层，也必然会面临各自的专属的烦恼。任务是永远做不完的，完成的任务越多，就会

39

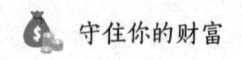

有更多的事情待完成。

例如，A女士在三线城市里有两套房，然而，当她看到身边有人在省城买了房，于是就东挪西借，咬牙在省城也按揭了一套房。对于一个工薪阶层的家庭来说，县城有两套房已基本耗空了家底，又在省城买房，压力自然不小。因为买房，她的生活质量明显下降。每个月的高额房贷让她喘不过气。为了节约开销，爱旅游的她，已经两年没有与朋友出去旅游。有时候，身体不舒服，也强撑着，实在撑不下去才去看医生，结果诊断出了焦虑症。其实，A女士家境很不错，孩子已经成家立业。按正常情况，她完全可以活得轻松自在，但由于太喜欢与人攀比，将本该岁月静好的日子，过得一片狼藉。

适度的比较无大碍，可以激发一个人对美好生活的追求。可当一个人攀比的欲望越来越强，内心就容易焦虑，久而久之自然会感觉压力大、烦恼多、快乐少。

要缓解压力，人们需要学会控制自己的欲望，并意识到自己生活中的幸福和成功并不取决于与他人比较。相反，人们应该关注自己的内心需求，为自己设定合理的目标和期望，并珍惜自己所拥有的一切。只有这样，才能真正减轻压力并过上更加满足和快乐的生活。

治水重要的是疏通，而不是堵住水的流向，管理欲望最好的方法是缓解自我的情绪，多感受家人在一起的快乐，而不是出去应酬和狂欢，要体会到简单的生活才是最真幸福的。

◆ 拥有突破圈层的差异化与互补能力

有句话"花盆里长不出苍松，鸟笼里飞不出雄鹰"，形容人的局限性和社会环境会限制一个人的发展和取得的成就。因此，提升赚钱能力需要突破圈层。

"圈层"是对在阶层分化的社会背景下，自然产生的相对中高端的特定社会群体的概括。它可以是广义的一个具有相同社会属性的阶层，也可以是一个区域内本身具备很强的社会联系、社会属性相近的群体。圈层化是社会发展中必然会出现的特征，其中会产生明显的多个阶层的分化，也会产生同一阶层的有机融合。同一类人群具有相似的生活形态、艺术品位，很自然就会产生更多联系。

简单理解，圈层就是拥有差不多身份地位、差不多财富、差不多资源、差不多见识和兴趣的人，他们会聚在一起，成为相对独立和封闭的人际交往群体。

之所以需要突破圈层，是因为圈子不同，人的见识和认知，以及所能接触到的资源级别、人脉质量、信息质量也会完全不同。举个最简单的例子，一个大佬和一个杂货店小老板，所能调动的资源和人脉，接收到的信息和质量完全不在一个量级上。实际上，人与人赚钱能力的差别，本质上就是信息差、资源差和人脉差。

在同一个熟人圈层中，人们往往有相似的背景、经验和观点。突破这个圈层，可以接触到不同的人群，了解到不同的文化和思想，从而开阔视野，增强对世界的认知。

突破熟人圈层意味着可以结识更多的人，建立更广泛的人际关系。这些人际关系可能在未来的生活和工作中带来意想不到的机会和帮助。与不同的人打交道，这会促使你提升沟通能力，学会如何与不同性格、背景和习惯的人交往。同时能够促使你不断学习和成长，从他人身上学到更多的东西，提升自己的综合素质。拥有广泛的人际关系和社会联系可以为个人或组织带来实际的利益，这些人脉资源可以成为重要的社会资本。

如何突破圈层呢？努力、能力、人品缺一不可。既要有能够带给别人价值的差异化能力，又需要体现出与圈子里其他价值互补的能力。

差异化能力指拥有独特的技能或观点，可以在市场中与其他竞争者区分开来。互补能力强调与其他个人或组织合作，形成优势互补，共同完成目标任务。通过合作，可以弥补自身的不足，提升整体竞争力。

例如，微软和英特尔分别在各自的领域内具有强大的技术实力和市场地位，但它们所属的圈层却有所不同。微软属于软件圈层，而英特尔则属于硬件圈层。尽管这两个公司看似没有直接的联系，但它们通过互相提供价值，实现了跨圈层的合作。

微软的 Windows 操作系统和 Office 办公软件是全球最受欢迎的软件产品之一，这为英特尔的硬件产品提供了广阔的市场空间。同时，英特尔的高性能处理器也为微软的软件提供了强大的计算能力和运行速度，提升了用户体验。

这种跨圈层的合作使得微软和英特尔在各自的领域内取得了巨大的成功。

想要突破圈层，首先要问自己一句话：别人需要什么？我能为别人带来哪些价值？如果你所提供的价值和所在的圈子不匹配，那就继续努力提升自己，圈子不同不能强融。自己的价值提升了，进入更高价值的圈子赚到更多的财富就成了水到渠成的事情。

一句话就是，在别人都不舒服的或者不擅长的领域，你做得很开心或者做得很特别，那就是你的定位，在这个个人 IP 崛起的时代，我们只有做那个最不耗能的自己，才会长久和优秀。

◆ 普通人拿什么对抗通胀

通货膨胀（inflation），是指在货币流通条件下，因货币供给大于货币实际需求，也即现实购买力大于产出供给，导致货币贬值，而引起的一段时间内物价持续而普遍的上涨现象。其实质是社会总供给小于社会总需求。

举个简单例子：假如一个国家只有三个人，A 种小麦，B 种水稻，C 养猪。A 花两块钱买了 B 的米，B 把从 A 赚来的两块钱去买了 C 的猪肉，C 又把从 B 赚来的两块钱去买了 A 的面。

市场总价是 6 元钱，但是流通了三次，所以实际上只需要印 2 元钱，多印就会引发通货膨胀。整个社会也是这样子，一个国家，有造汽车的、种水稻的、生产面粉的、伐木的、开矿的、搞金融的，还有办教育的。这些东西一共需要多少价值，然后算下流通多少次，就是货币发行量。在这个过程中，任何一环出现问题，都可能发生通货膨胀。

社会总物价水平的上涨幅度，在一定范围内，对经济增长有较为积极的刺激被视为良性通胀。反之，如果货币发行超量，导致物价水平离奇上涨，被视为恶性通胀。

恶性通货膨胀没有一个普遍公认的标准定义，通常被定义为每月通货膨胀率超过50%或更高的情况。在这种情况下，物价急速上涨，货币的购买力迅速下降，人们纷纷抢购物资以保值或转向其他资产。这种失控的情况可能会导致社会经济秩序的混乱，企业和个人在这个时候都难以进行正常的经济活动。

恶性通货膨胀的原因可能包括政府的财政赤字、不适当的货币政策、过度的货币供应等。在恶性通货膨胀的环境下，货币的实际价值变得毫无意义，交易和价值储存变得困难，经济活动受到严重干扰。

恶性通胀对普通人会造成哪些影响呢？

首先是货币缩水，财富贬值。例如，你在银行有100万元存款，存款利率是2%，如果当年的通胀率是10%，一年后虽然你的本息达到102万元，但你在一年前100万元就可以买到的商品，现在却需要110万元才能买到，一年就亏了8万元。

其次影响上游企业的利润。通胀会导致原料价格上涨，会使企业成本增加，经营压力增大。

最后如果当局对加息处理不当，很可能导致股市和楼市资产价格大跌。

通货膨胀是纸币流通条件下特有的一种社会经济现象。纸币是一种纯粹的货币符号，没有价值，只是代替金属货币执行流通手段的职能；纸币的发行量应以流通中需要的金属货币量为限度，如果纸币发行过多会急剧贬值，在流通中所需的金属货币量已定的情况下，纸币发行越多，单位纸币所能代表的金属货币量就越少，纸币的贬值程度就越大。

那么，面对通胀，普通人该如何应对呢？

1. 开源。也就是通过多种工作方式赚钱，在主业的基础上尝试去开创副业。利用下班时间做一些小生意或兼职等。

2. 储蓄。将资金存入银行或其他投资工具中，可以获得一定的利息或回报，从而增加资金的价值。此外，可以选择一些具有较高回报率的投资工具，如股票、基金、房产等。但需要注意风险和回报的平衡，避免过度冒险。

3. 购买保险。保险可以为个人和家庭提供经济保障，能对抗通货膨胀带来的不确定性。购买适当的保险，如人寿保险、医疗保险等，可以在发生意外或疾病时得到经济赔偿，减少财务损失。

4. 多元化投资组合。将资金分散投资到不同的领域和资产类型中，可以降低投资风险并获得更稳定的回报。例如，可以选择股票、基金、债券等不同类型的投资工具，以多元化投资组合来对抗通货膨胀。

5.多增加被动收入。也就是那种能够不需要特地花费自己的时间也能带来收入的方式或工具。

◆ 战胜市场波动，考量财富风险性、收益性和流动性

我们积累了财富，一定会考虑资产配置的问题。财富的载体是资产，不同阶段不同国家不同资产的收益率总在波动。想战胜市场的波动，财富的风险性、收益性和流动性是投资者在考虑投资时需要权衡的三个重要因素。

风险性是指投资可能带来损失的可能性。不同的投资品种风险性不同，一般来说，高风险的投资品种可能带来更高的收益，但同时也伴随着可能更大的风险。投资者需要根据自己的风险承受能力和投资目标来选择合适的投资品种。

收益性是指投资能够带来的收益大小。投资者希望通过投资获得合理的回报，实现财富的增值。在相同风险水平下，投资者通常会选择收益更高的投资品种。

流动性是指投资的变现能力，即投资品在市场上出售的难易程度和价格稳定性。流动性好的投资品种可以在需要时快速变现，且价格波动较小。

资产的安全性、流动性和收益性构成一个等边三角形，突出或扩大某一个或两个属性的时候，必然会弱化一个属性，只有这样才

能实现整体的平衡。资产配置一定要把安全性、收益性和流动性综合起来，统筹考虑，做到能够兼顾这三个特性。

但是很遗憾，没有任何一种工具能同时满足这三个因素，比方，银行存款它的流动性和安全性比较好，但收益性又不能让人非常满意。房产看得见摸得着，过去几十年，房产的收益性和安全性都非常高，但流动性不太好，随着经济转型，未来房产安全性也成了未知数。股票行情好的时候收益性和灵活性都不错，但波动性也会很大。

因此，一个兼顾资产风险性、流动性和收益性的典型案例是多元化投资组合。多元化投资组合是指投资者将资金分散投资到不同的资产类型和领域中，以降低投资风险、提高流动性并获得合理的收益。

具体来说，投资者可以根据自身的风险承受能力、投资目标和时间规划，将资金分配到不同的资产类型中，如股票、债券、现金、房地产等。通过分散投资，投资者可以在不同市场和资产类型中寻求收益机会，同时降低单一资产的风险。

此外，投资者还可以根据资产的流动性需求来配置资产。一些资产，如现金和货币市场流动性较好，可以随时赎回或使用；而另一些资产，如股票和房地产的流动性则相对较差，需要较长的时间才能变现。因此，投资者需要根据自己的资金需求和流动性要求来选择合适的资产配置。

守住你的财富

在考虑财富管理时,投资者需要在风险性、收益性和流动性之间进行权衡。根据个人的风险承受能力、投资目标和时间规划,选择合适的投资品种,以实现财富的长期稳健增长。

第二章
财富非认知之镜,守护财富乃认知之光

第1节　财富认知误区,你踩了几个

◆ **守护财富与普通人无关**

提到守护财富,人们很容易联想到中产阶级和高净值人士,以为只有他们才有财富可守,而普通人并没有多少钱,因此觉得守护财富与普通人无关。事实上,守护财富与普通人无关是一个认知误区。财富管理对于每个人来说都是非常重要的,无论是高净值人士、中产阶级还是普通人。

为什么说守护财富是人人都要做的事情呢?

通过有效的财富管理,普通人可以增加自己的资产价值,实现财富的增值。这可以通过投资、储蓄、保险等方式实现。守护财富不仅仅是增加财富,还包括管理风险。普通人可以通过购买保险、分散投资等方式降低财务风险和其他风险。拥有一定的财富可以为个人提供更多的选择和机会,提高生活品质和应对突发事件的能力。无论是养老、子女教育还是其他目标，都需要提前规划和管理自己的财富。这样可以确保未来有足够的财务支持。通过参与财富管理活动，普通人可以提升自己的财务素养和理财能力，从而更好地规划和实现个人财务目标。

普通人不像中产阶级和高净值人群更懂得投资理财以及多渠道、多途径进行财富管理，多数人停留在储蓄阶段，可现在是个法币社会，存储的只是几张纸，甚至只是个数字，根本不是绝对的财富。央行只要印钱，普通人手里的钱就会越来越不值钱。因此，作为普通人，无法改变宏观的政策，只能自己想办法应对，尽可能地守护自己有限的财富。

如果一个人拥有一笔独立的财产，可以将其视为能够抵御可能遭遇的邪恶和不幸的城墙。那些出生于富裕家庭的人们把财富看作一种必不可少的、离开就无法生活的东西；他们守护财富就像守护自己的生命一样。因此，每个人都应该拥有"守护财富"的意识。

总之，守护财富不仅与富人有关，也与普通人息息相关。通过合理的财富管理，普通人可以增加自己的资产价值、降低风险、提高生活品质并为未来做准备。因此，认识到守护财富的重要性，并采取适当的策略和行动，对于普通人和中产阶级来说是非常必要的。

印度有这样一个传统理念：财富属于家族世代所共有，个人只是家族财富的监管者，每一代都有义务保护好家族的财富，并把财富传承下去。在中国传统的家族内部关系中，财产关系是重要的关系之一。财富管理与每个家庭成员息息相关,上自一家之主,下至几岁的孩子,都应当树立起管理财富的理念。

所以,无论是已经实现财富自由的富人,还是战战兢兢地过着精致生活的中产阶层,抑或是为了生计而打拼的打工阶层,都必须有财富管理的理念和意识。因为你守护的其实是自己独一无二的容器,只有守护好财富容器才能接得住财富。

◆ 财富管理就是投资和理财

提到财富管理,人们很容易把其与投资和理财画等号。其实,真正的财富管理包括投资和理财,但不限于投资和理财。

投资对个人和家庭而言,核心目的是增加收益,并无其他。而理财则是通过专业的分析,计算出财务现状与财务目标之间的缺口,并通过合理的规划,找到匹配的金融产品进行长期经营。理财超越投资,从生活出发并最终回归到生活。

财富管理,是明确资产的产权归属,进行资产的转移和传承,既要达到保富的目的,又要兼顾传富的责任。当一个人积累了大量财富之后,认真审视所持有的各类资产的所有权,是一件非常重要的事情。

财富是一个更广泛的概念,它包括一个人拥有的所有资产和资源,不仅是金融资产,还包括实物资产、人力资本、社会关系等。

投资和理财只是财富管理的一部分,它们是用来保值和增值财富的手段。通过投资,人们可以让自己的资金在不同的资产类别中进行分配，以实现风险和收益的平衡。而理财则更侧重于规划和管理个人或家庭的财务，包括预算、储蓄、保险、税收等方面。

投资和理财属于财富增值中的一个手段，真正的财富还包括一个人的职业发展、教育、健康、人际关系等方方面面。职业发展和教育可以带来稳定的收入和提升人力资本的价值，而健康和人际关系则可以带来幸福感和满足感。

因此，片面地将财富等同于投资和理财是不全面的。财富是一个综合性的概念，包括一个人拥有的所有资产和资源。要实现财富的全面增长和发展，需要关注和努力提升自己各个方面的福祉。

想真正理解财富管理，就要明白它有两层核心内涵：一个是家庭财富，另一个是管理。家庭财富不仅包括实物资产，还包括人，尤其是年轻人的人力资产，也是每个家庭权重占比最大的财富。因此在能生孩子的年龄，多生孩子是最大的财富。人是最大的生产力和创造者。

对大多数人来说，尤其是年轻人，家庭财富管理无疑是提高人力资产的价值，努力让自己的收入水平不断站上新台阶，同时防止自己的收入中断。

财富管理是一项多元化服务，包括储蓄、债务管理、投资组合、保险计划、退休计划等一系列内容。涵盖了个人、家庭和事业的一揽子综合金融和增值服务解决方案，主要是帮助我们制定并达成财务目标，最终实现财富自由。这些目标可能是住房消费、子女教育，也可能是职业生涯规划、健康管理及遗产筹划等，并不单单是购买几款金融产品和购买某些城市的房产就可以实现的,而是需要综合运用各种知识和技术,权衡利弊,去劣存优。

◆ 财富=拥有很多钱

财富包括金钱,但钱不全是财富。财富的定义并非仅限于拥有很多钱。虽然金钱是财富的重要组成部分,但财富的概念涵盖了更广泛的内容。

金钱是我们转移财富的方式。金钱是社会的信用符号,具有调用别人时间的能力。财富则是在你睡觉时也可以帮你赚钱的企业和资产。

有钱并不等于有财富,钱是一种货币单位,而财富则是指一个人所拥有的全部资源,包括货币、不动产、知识产权等。一个人可以拥有很多钱,但如果他没有足够的财富支撑,那么他的生活质量和稳定性也可能会受到影响。

想象一下,假如你手里有 1 亿元,但被困在了沙漠的中央,周围荒无人烟。这时你就会很容易理解金钱和财富的区别了。对于这个时候的你来说,金钱就是废纸和数字,水和食物以及能救你脱困的东西才是你最急需的财富。

真正拥有财富的人也无法完全用拥有多少钱来衡量,而是用是否实现了财务自由来界定。

财务自由所需的钱取决于个人的生活方式、目标和地理位置等因素。例如,对于一些人来说,财务自由所需的钱可能是数百万美元，而对于另一些人来说，可能只需要几十万美元。

此外，有钱人的标准也会随着时间和通货膨胀而变化。随着时间的推移，物价上涨和个人消费水平的提高，财务自由所需的金额也会相应增加。因此，拥有足够的财务自由所需的金额，才算得上拥有实现自由的财富。

对于陷入"财富＝拥有很多钱"这个误区中的人来说，会觉得财富管理最触手可及的部分就是靠双手赚钱。在这些人看来，"紧紧手、紧紧腰带"，数十年如一日地攒钱才是最稳妥的财富管理。攒钱固然重要，但是事实上，很少有亿万富翁是靠攒钱致富的。真正实现财务自由的人，他们的工作不过是管理资源，毕竟我们每个人的精力和时间十分有限。

金钱是可以用单位衡量的，而财富是不能被衡量的。财富是人所需要的东西，财富可以是一切事物。而金钱只是一种达到目的的交换手段。

所以，钱是一个数字，无论在卡上还是在各种支付App里，随着开销，数字减少；收入，数字增加。而财富，不是一个数字那么简单，财富是一种力量，是综合能量和资源的表现。

◆ 富贵险中求是个骗局

很多人听过"富贵险中求"这个观点，并解释为"冒险才能获取富贵"，这其实是一个断章取义的俗语，不了解前文与后文的话，很容易让人走弯路。

富贵险中求的前面和后面还有好多意思,详细观点是"欲从心头起,贪向胆边生,富贵险中求,也在险中丢。求时十之一,丢时十之九。大丈夫行事,当摒弃侥幸之念,必取百炼成钢,厚积分秒之功,始得一鸣惊人"。与大多数人知道的不同,它事实上是在警告人们,不要激进地为自己的贪欲和欲望买单,是让人们要拥有独到的眼光,去观察真正的"危中之机"在哪里,然后踏踏实实地去做事、积累,最终才能有所成就。

富贵险中求通常意味着通过冒险或投机来追求财富和成功。然而,这句话并不是一个可靠的策略或方法,因为它建立在许多不切实际的假设和风险之上。以下是一些原因,说明为什么说"富贵险中求"是个骗局:

一是高风险低回报。冒险通常伴随着高风险,但并不一定带来高回报。在许多情况下,冒险可能会带来损失而非收益,尤其是在没有足够知识和经验的情况下。风险和回报有关系,但是绝不是单一的线性或者因果关系。

二是不可预测性。未来的不确定性使得预测市场和行业趋势非常困难。即使有经验和知识,也无法准确预测市场的变化和波动。

三是运气因素。许多成功的人士确实通过冒险和投机获得了财富和成功,但这并不意味着其他人也可以复制他们的成功。运气和机遇在很大程度上也起到了重要作用。

四是缺乏可持续性。通过冒险和投机来获得财富并不是一种可持续的商业模式或投资策略。它可能带来短期的收益,但长期来看，缺乏稳定的收入来源和可持续的商业模式可能会导致失败。

五是心理因素。人们往往容易受到贪婪和恐惧的影响，这使得他们在冒险时可能会做出不理智的决策。当涉及金钱和财富时，心理因素往往比逻辑和理性更重要。

六是缺乏计划和目标。没有明确的计划和目标，只是盲目地冒险和投机，最终很可能会一无所获。成功需要的是规划和目标的实现，而不仅仅是冒险和投机。

虽然"富贵险中求"是个财富认知误区，但一定的冒险、拼搏进攻精神还是要提倡的，但需要注意两个前提：一是走正道，二是把握度。

现实生活中，很多人相信大干快上才会获得成功。遇见行情总是盲目地介入，生怕自己错过任何一波行情，不想放过任何一笔能赚的钱。而这些人往往会被这种盲目操作带来失败的教训。任何时候，都需要认清当前的形势，寻找确定性机会，做大概率正确的事情，做大多数人不理解和做不到的事。

◆ **财富积累是短暂的**

网络上最引人注目的一般是"屌丝"逆袭和一夜暴富，在这个复杂的社会，网剧把社会关系和商业描述得如此简单，让大多数人看见了自己梦寐以求的东西，真的很爽，是吧？但是真相和这个恰恰相反。

抱持"富贵险中求"观点的人，往往也会陷入另一个认知误区，那就是认为财富的积累是快速而短暂的。事实上，财富的积累是一个需要时间见证的过程。

亚马逊 CEO 贝索斯在与巴菲特聊天时提出过这样一个问题："你的投资理念非常简单，为什么大家不直接复制你的做法呢？"巴菲特回答："因为没有人愿意慢慢地变富。"

就像一口吃不成胖子、一夜不能暴富一个道理，财富需要长期而稳定地规划和投资才能实现。虽然有些时候可能会出现短期的市场波动或经济繁荣，但长期来看，财富的积累需要持续的努力和稳定的策略。

就像投资人纳瓦尔所言："世界上没有快速致富的教程。即使有，那也只是提供教程的人想从你身上赚钱。"

要实现财富积累，就需要制订一个明确的财务计划，包括预算、储蓄、投资等方面。此外，还需要保持理性和冷静的态度，避免受到市场的波动和短期的诱惑而做出不理智的决策。只有通过长期的规划和投资，才能实现财富的稳定增长和积累。

靠时间积累财富的案例有很多，其中一些知名的企业家和投资者都是通过长期努力和耐心积累财富的。例如：

巴菲特是一位知名的投资者，他通过长期的价值投资和耐心持有优质股票，成为全球最富有的人之一。他的成功不是一夜之间实现的，而是通过长期的积累和耐心实现的。

马克·扎克伯格是一位企业家和投资者，他创立了 Facebook 并长期持有公司的股份。他的财富也是通过长期努力和耐心积累而来的。

雷军是一位中国企业家,他是小米科技的创始人和 CEO。小米科技是一家智能手机制造商,通过长期的研发和创新,成为全球领先的智能手机品牌之一。雷军的财富也是通过长期努力和耐心积累而来的。

普通人想要积累财富更不是短时间就能实现的。越相信有快钱可以赚,就越有可能跳入各种各样的坑。投资场上也是一样,没有快钱可赚,只有持续的学习,通过积累和沉淀,才能到达财富的彼岸。

◆ 认为勤劳一定能获得财富

勤劳,一直都是中华民族的传统美德,每个人从小都接受过"勤劳能致富"的教育,或者说只要勤劳就不会贫穷。认为"勤劳一定能致富"也是一种片面的财富认知。

勤劳是获得财富的重要前提之一,但不一定能实实在在拥有财富。

首先,勤劳意味着付出更多的努力和时间,这本身就是一种财富的积累。通过勤劳,可以增加自己的技能、经验和知识,提高自己的生产力和效率,从而增加自己的收入和财富。

其次,勤劳也是成功的一种表现。成功需要不断地努力和尝试,需要克服困难和挑战,而勤劳正是这种精神和态度的体现。通过勤劳,可以不断地提高自己的能力和水平,从而获得更多的机会和可能性。

然而，仅仅依靠勤劳是不够的。要想真正致富，还需要具备其他条件，如正确的方向、好的机遇、资源和社交关系等。同时，也需要注重风险管理、规划和投资等方面，只有这样才能实现财富的长期积累和增长。

在现实生活中，各行各业都有勤劳的人，如农民工、清洁工、小商贩，他们都是工作勤劳、生活节奏紧凑的人，但他们中一些人还是无法摆脱拮据的生活。当然，我们不是要否定勤劳的价值和重要性，而是要进一步探讨积累财富的根本原因。

如果勤劳能够带来财富的积聚，那么各行各业勤勤恳恳的人都应该是拥有大量财富的人。但有一类人，他们不用辛苦和勤劳，就可以获得可观的财富。可见，勤劳不一定能够获得财富。另外，有大量的"穷忙族"，不停地奔波、忙碌，自己累得要死，钱依旧少得要命，还有大部分有才华的穷人。一个年收入超过普通人十倍的人，往往工作时间并不比这样的人多十倍。不论是哪一种行业和职业，积累财富都是摆脱"穷忙"的大脑思维和身体行动的结果。因此，勤劳只是一种品格，并不是通往致富路上的必要条件。

第2节 财富核心价值观

◆ 财富，让生活有更多的选择

追求财富，可以让生活有更多的选择，也给人底气。例如，财富可以让人有更多的时间和精力去追求自己的兴趣爱好、旅行、学习新技能等，这些都可以提高人们的生活质量和幸福感。

比如，随着个人或者家庭财富水平的上升，生活满意度、价值感以及幸福感都会提升。金钱上的保障，可以让我们向不喜欢的工作说"不"，或是让我们不为账单而烦恼，经济上的自由会带来身心的放松，如说买就买的自由和说走就走的洒脱。另外，拥有了财富可以提高生活质量，能提供更好的教育、医疗和居住条件，从而为个人创造更多的发展机会。每个人的"选择权"在很大程度上依赖于金钱。

我们无须鼓吹"金钱万能"，也不提倡"金钱至上"，在这个世界上也有很多重要的东西超越了金钱，但我们要坚信一点，有了钱，意味着会有更多的选择。

例如，很多拥有大量财富的高净值人士对生活的享受，也是普通人望尘莫及的。在国外，每到度假旺季，像甲骨文公司首席执行官拉里·埃利森、AOL-时代华纳集团前副主席特德·特纳等有着旺盛精力和梦想的企业家们，都会暂时抛开公司大大小小的事务，来到他们的帆船上，整天在无边际的大海上享受；柯达公司的创始人乔治·伊士曼则热衷狩猎，在其美国的故居里至今仍摆放着从非洲捕获的猎物标本……同时，他们对于世界政治、经济的影响也不容小觑，他们中的很多人不仅是各国政要的座上宾，甚至他们的一举一动都会对世界产生影响。正因如此，拥有财富成为有能量的人，成为许多人的榜样和目标。

莫言曾说："金钱并不是衡量一个人价值的唯一标准，但它却可以让你拥有更多的选择权。"这句话深刻而贴切地揭示了金钱在人生中的复杂角色。

所以，我们不能看低财富，当获得了足够支撑自己去做想做的事情的时候，才更有资格去谈梦想，更有资格跟别人分享你的人生阅历。财富是给自己更多选择的机会，也由此能够促进你去追求一个更加完美的人生，把遗憾和无奈降到最低。财富同时是一种自信的支撑，一定意义上代表了实力和头脑，为了更好地掌握人生的主动权，而不是被动地接受这个世界带来的压力，第一步就是要学会积累财富和守护财富。

◆ **积累财富需要有明确目标**

有句激励人的话是这样讲的：白日梦还是要做的，万一实现了呢？但是，对于财富的积累，可不能靠白日梦和凭空想象，而是要明确目标。

你要知道财富从哪来？为什么来？来多少？会往哪儿去？为什么去？比如，凭自己努力每天上班，一个萝卜一个坑地赚来的钱，这就是你清楚明白的钱。它有一定的数额，而且用起来心安理得。你有办法预作规划，知道要用在哪里？需要多少？够不够用？如果有结余，你会妥善对待、储蓄或投资。如果有亏空，你会有心理准备，先考虑要去哪里借？还需要多少？这就是对于积累财富拥有的明确目标。

为什么要规划，要对钱有目标，就是要对钱财具体量化，平时要问问自己需要多少钱够自己当下或短期的目标。不要想钱越多越好，这等于没说；也不要说钱花不完，这是自欺欺人。

关于财富目标可以参照以下这些例子：

希望能照顾我的父母和孩子；

让我不为下个月的生活费发愁；

我不要欠别人的钱；

我现在月入 2 万元，我要有 20 万元定期存款；

我愿意用 10 年时间，在某个城市，拥有一间 100 平方米的住宅；

我要有足以应对意外的存款；

我要有多少钱来养老。

一个人把财富量化成一个个可以实现的点，如同跑马拉松的人把每一个 800 米的标志物当成超越的目标一样，只有这样才能跑完整个马拉松。财富也是这样，它不是强取豪夺，而是要按照一个个既定的小目标去实现、去攻克。

不要看着别人炒股赚了就跟风，别人买银行理财产品赚了你就赶紧去买。要静下心来想想，自己内心真正渴望什么？你到底要多少钱？你处在人生的哪个阶段？钱要用在哪里？自己愿意付出什么条件去获取财富？你获得财富的途径是什么，可能性有多少？这些问题都要往内行走，问自己的内心，不能靠别人帮你实现。

一个人内心的财富也代表一个人内在对钱财的看法和一个人表现出的钱品。

比如，如果给你 5000 元，一般人会说："我直接放进皮夹当零花钱。"也有人会说去吃顿大餐，有的人很快把它变成一部好手机、一件好衣服。

如果有人给你的是 50 万元，每一个人的性格就显现了：现金、股票、定存、黄金珠宝、房子首付……这就是钱品，从人们对待钱的态度和消费方式看，这就是人的内心。

如果每个人公平地拿到 50 万元，很快就会出现不同。说不定只要一两个月甚至半年，你就会看见这 50 万元给每个人带来的不同价值。如果是 500 万元呢？5000 万元呢？甚至更多呢？人间的富、贵、贫、贱，便由此而生，人心不同，钱品不同。财富不是物质的 50 万元或 100 万元，而是无形的人的心态。面对金钱，有的产生了价值，有的产生了堕落。财富就在每个人内心，心不同，财不同。

因此，财富的规划不仅要规划外在的目标，也要规划内在对于钱的认识和钱品的修养。

◆ 财富管理是为了对抗未来的不确定性

未来的不确定性是指未来的事件和结果无法准确预测，因为它们受到许多因素的影响，这些因素可能发生变化，并且难以预测其影响。未来的不确定性是不可避免的，因为人类无法完全掌控外部环境，而且事物的变化和发展是有规律的，但具体的表现形式和程度难以预测。

未来的不确定性可能表现为经济波动、政治动荡、自然灾害、社会变革等方面。

未来的不确定性是我们生活中不可避免的一部分，而财富管理可以帮助我们应对这些不确定性，如退休计划、医疗保健计划、子女教育计划、养老计划等。通过合理的财富管理，我们可以提前规划自己的财务状况，避免因为突发事件或未来不确定因素导致的财务困境。

身处"不确定性"浪潮中的我们，对于各种各样不确定性的风险，需要主动规划保障，并通过财富管理来对冲不确定性和风险，以寻找未来的确定性。

一个家庭需要设定财富管理目标，包括短期目标也称为"弹性目标"，如维持高品质生活、购置符合身份的房子和车、创造更多财产等；中长期目标也被称为"刚性目标"，如子女教育、保证养老、做妥善的保险计划、按自己意愿将财产传给下一代。

财富管理在意的不应是当下或一时投资的得失，而应是做好长远的人生财富规划，让自己和家庭在面对风险和不确定的未来时更有信心，也更有安全感。

随着好资产越来越少，二级市场爆雷，房地产行业遇冷，这一变化的结果，使得高净值人群对财富管理提出了更高的要求，主要集中在财富保障、寻求增长和财富传承三个层面上。尤其我国的财富管理的资产结构与国外有较大差异，房产作为家庭财富占比超过80%，随着房地产市场改革和房地产定位的调整，国人家庭财富结构的调整已势在必行。我国财富管理市场已经表现出几个主要的特征：

首先，随着居民收入水平的提高，需要财富管理的客户群体需求不仅是追求资产的增值，而是同时存在分散风险、优化税务、家族传承等多方面的目标。

其次，我国互联网技术和金融科技在国际上处于领先地位，因此科技赋能将成为财富管理的驱动力，大数据和人工智能进行千人千面的客户画像和精准财务管理匹配将成为现实。

再次，监管部门也在不断加强对财富管理行业的规范和引导，如加快推进养老保险体系建设，扩大养老理财产品试点范围，推动个人养老金业务的发展等。

最后，人们越来越意识到财富管理的重要性，从单打独斗的"散户"状态，开始转向寻找专业的财富管理机构来帮助打理家庭财富，以提升风险应对能力。

在生活中，面对随机性的事件，人往往有三种状态。

第一种，害怕波动和不确定性。他们更喜欢平静稳定的环境，认为波动和不确定性会带来伤害。

第二种人，既不害怕也不欢迎不确定性。他们觉得波动并不会对自己的生活带来任何影响。

第三种人，欢迎波动和不确定性。他们认为波动能让自己变得更好。

在这三种状态中，究竟哪一种最脆弱？显然是第一种，因为波动和不确定性正是这个世界的真实常态，不喜欢波动意味着不想去改变或被动接受，这样能不受伤吗？第二种相对第一种状态而言是坚韧的，因为波动和不确定性没给他们带来变化，也没有带来伤害。第三种是"反脆弱"的，因为最终他们能从波动和不确定性中获益。

喜欢波动性的人，往往在生活中会有更多机遇，如出租车司机、木匠、水管工，他们的收入有一定的波动性，但他们的职业对于不确定性事件，有着强韧的抵御能力。而公司雇员不一样，后者一般不承受波动性，因而如果接到人事部的电话告知他们被解雇，他们只会大感意外，雇员的风险是隐性的。

因为收入的波动性，技术工人这类职业才带有一点儿反脆弱性：小的变动促使技术工人不断地从环境中学习，并在持续的压力下保持竞争力与适应力。

因此，我们可以说，稳定的是高风险的，波动性的往往风险较低。因为适应了波动性的人具备了更大的反脆弱能力。

观察下我们周边的人，如果四五十岁的人下岗了失业了，是不是有一种天塌下来的感觉？因为在稳定的企业里待久了人就变得脆弱了，而一个出租车司机，总是面对波动和不确定性，反而能够在70岁依然开出租车，具有很强的反脆弱能力。

所以，学会正确的财富管理，及早进行财务规划，就是一种反脆弱的能力。

◆ **财富是钱为人工作，不是人为钱工作**

巴菲特曾经说过："一生能够积累多少财富，不取决于你能够赚多少钱，而取决于你如何投资理财，钱找人胜过人找钱，要懂得钱为你工作，而不是你为钱工作。"

这个观点不仅属于财富核心价值观的一种，同时也道出了"财富"的真谛是为人带来自由。这个自由就是不用出卖自己的时间去换取收入。

有两种挣钱的方式：上班，用时间和技能换取金钱；拿出你的金钱，让它为你工作。普通人往往选择前者，富人通常选择后者。

当你为钱工作的时候，你可能会感到压力和疲惫，因为你一直在努力地赚取收入，而没有时间去享受你所赚取的财富。此外，你可能会面临风险和不确定性，因为你的收入来源可能不稳定或者不可持续。

然而，当钱为你工作的时候，你可以拥有更多的时间和自由去享受生活。你可以用你的财富创造更多的收入和机会，而不需要亲自去工作。此外，如果你能够明智地投资和管理你的财富，你可以创造一个稳定的收入来源，从而确保你的财务安全和未来的经济状况。

钱为人工作的案例有很多，比如：

通过购买优质公司的股票，人们可以成为公司的股东，分享公司的发展成果。随着公司的成长，股票价格可能会上涨，为投资者带来丰厚的回报。通过购买房产并出租，人们可以获得稳定的租金收入。随着房价的上涨，房产也可以成为一种增值的资产。通过购买基金，人们可以将资金交给专业的基金经理进行管理，以获得比个人投资更高的回报。通过购买保险产品，人们可以获得一定的保障和收益。例如，年金保险可以定期为投保人提供一定的收益，而投资型保险则可以帮助投保人积累财富。

除了以上几种方式外，还有许多其他的投资方式，如艺术品投资、数字货币投资等。

生活中，我们经常会碰到一些年薪几十万元的人在发牢骚，说日子过得并不宽松，其实往往真正的原因是他们只会赚钱却不会理财，不懂得让钱替自己工作，让钱生钱。

人不可能为金钱工作一辈子，而且为钱而工作也永远不可能让人真正富有。即使当下有着不错的收入，但你永远不知道这样的收入明天是否还会属于你。因此，当你勤奋地为钱而工作的时候，工作和钱就占据了你的全部头脑，你甚至都没时间去考虑别的赚钱方法。相反，如果你致力于寻找机会让钱生钱，让钱为你工作，那么，你已经向财富管理迈进了一步。

◆ **具备"善财"思维，取之有道**

善财思维是指以积极、善良、感恩的心态来面对财富和人生的一种思维方式。这种思维方式强调在追求财富和事业成功的同时，注重内心修养和道德品质的提升，以及对他人的关爱和回馈。

做人做事要有一颗善心，要本着真诚合作共享互赢的利他心态，这样为人处世朋友就会聚拢，如此经营企业，企业才会发展得更加顺利。朋友聚人脉则广，企业发展顺利就能盈利，这不就是财富之源吗？

利他思维确实是实现利己最好的方法，但它的前提是出自真心和善念，而不应是一种手段。不能为了实现最大化的利己而带着目的，刻意去用小伎俩、小恩惠利他，这种刻意的利他而非真心的利他，是不能提倡的，最终也不会带来真正的价值。

利他首先是一种价值观，其次才是一种手段！我觉得利他首先是一种正确的价值观，你需要确实是发自真心地利他，而后的利己则是自然而然的结果。因为价值观决定方法论，在错误的价值观下，一个即使有效的方法也会变质。所以我们必须先确立正确的利他价值观，再使用利他这个超级方法，才能获得最大的效果。

有句俗语叫作"与人方便，与己方便"。说的就是利他与利己的关系。把别人的路都堵死，将来自己要走路，别人也会给堵死的。修桥铺路，并不都是为了别人，在很大程度上，是为了方便自己。

每个人都会有利益考虑，父子之间、夫妻之间、好友之间，哪怕两个平常人之间，但若唯自己的"利益最大化"，那就变得不简单了。生活中的许多复杂性，就是从这里来的。相反，如果少了自己的利益考虑，或者，多一点别人、他人的利益考虑，那么，生活就单纯多了，也可贵可爱多了。

我们处在与人产生交集的社会中，处在利益至上的商业社会中，不要忘记利他是利己的根本，为人处世中，要时刻谨记服务他人，成就自己。

第3节　获取财富的核心要素

◆ 国民文化属性决定了贫穷或富有

文化属性是民族文化的一个重要组成部分，反映了一个民族的传统、历史、文化底蕴和精神内涵。每个文化属性都有其独有的特征，能反映出不同的人类本质、价值观、生活方式和人文精神。

国民文化属性对人的思维方式有着深远的影响。由于人们从小生活在特定的文化环境中，接受着该文化的教育、习俗、价值观等方面的熏陶和影响。因此，文化属性就像是一种思维底色，影响着人们对世界的认知和判断方式。

用通俗的话来说就是"狼行千里吃肉，狗行千里吃屎"。小到一个人，大到一个国家一个民族，任何一种命运归根结底是文化属性的产物。

举个例子，如果这个时代有人要求女性裹小脚，你会觉得这是件落后、迂腐、变态的事。假设生于古代，面对同样的事情，就会觉得符合当时的文化和审美，是一件理所应当的事。女性裹脚放在不同的时代和文化背景下来看，就会不同。集体认为是对的，就是对的；集体认为错的，就是错的。引申到文化属性方面，指的是一群人共同拥有的思维模式和行为习惯。文化属性是一种大众潜意识、大环境思想。

对于财富而言，贫穷是因为人们骨子里有弱势文化属性。很多人贫穷源于不懂人性，看不到事物客观规律，被人性弱点和弱势文化控制。比如，有"等""靠""要"的思想，渴望天上掉馅饼，抱怨自己不如别人，习惯外部归因，从来不想着提升自己的认知和靠自己。

相反，富有的人他们受到强势文化属性的影响，他们从一开始就摒弃了"等""靠""要"的弱势文化思想，他们既没有玻璃心，也不会死要面子。他们能够放下面子，忍受各种委屈和不理解去赚钱。他们更愿意把钱花在投资自己的能力上，他们更加懂得价值互换的底层逻辑，并且更加懂人性，能够看清规律。

首先，一些富人可能拥有一种积极向上的心态和目标导向的思维模式。他们能够明确自己的目标，并制订实现目标的计划和行动方案。这种思维方式可以帮助他们更好地掌控自己的命运，抓住机遇并克服挑战。

其次，一些富人可能拥有一种强烈的自我驱动和自我实现的欲望。他们渴望获得成功和财富，并能为此付出努力和牺牲。这种欲望可以激发他们的创造力和行动力，使他们更加专注于实现自己的目标。

此外，一些富人可能拥有一种注重长期价值和可持续发展的价值观。他们注重诚信、道德和社会责任，这些品质可以帮助他们建立长期的商业关系和品牌形象，从而获得更多的商业机会和成功。

富人拥有强势文化这个观点并不绝对，但有一些文化特征可能与成功和财富积累相关。这些特征在富人群体中可能更为普遍，但并不是所有富人都具备这些特征，也不是所有具备这些特征的人都能成为富人。文化是多元化的，个人的成功和财富积累受到多种因素的影响，包括机遇、环境、教育、家庭背景等。

普通人也可以改变弱势文化带来的影响。比如，了解自己的文化背景和思维方式，认识到文化属性对自身的影响，是改变的第一步。通过自我反思和学习，理解自己的文化属性，发现其中的局限性，从而找到突破口。尝试从不同的角度思考问题，理解并尊重不同的文化观念。这不仅可以拓宽思维视野，还可以增强适应能力和创新能力。参与各种社会活动，尤其是跨文化的交流活动，可以帮助普通人了解不同的文化观念和思维方式，增强文化适应能力。要认识到财富的积累并不完全取决于出身或文化背景，而是可以通过努力工作和理性投资来实现。培养积极向上的财富观念，如节俭、储蓄和投资，为改变经济状况打下基础。

◆ 取得财富离不开"创造"

创造是指通过创新思维、技术和努力,创造出新的产品、服务或商业模式,以满足市场需求并获得经济回报的过程。

取得财富离不开"创造",或者说创造是获取财富的重要方式之一。

创造可以理解为创新、发明、创造价值等,通过创造可以带来新的产品、服务或商业模式,能够满足市场需求并获得经济回报。

创造不仅可以带来直接的经济收益,还可以通过创造就业机会、推动经济增长和社会进步等方式,为整个社会创造价值。例如,许多成功的企业家和创新者通过发明新产品或服务,创造了新的市场和就业机会,同时也推动了技术的进步和社会的发展。

创造需要具备一定的创新思维、技术能力和市场洞察力。它需要不断探索、尝试和改进,同时也需要承担一定的风险和挑战。因此,对于想要通过创造获取财富的人来说,不断学习、实践和创新是至关重要的。

创造的另一层含义是讲究"天时、地利、人和",对应在财富获取上分别是什么时候做?做什么?和谁做?与埋头苦干相比,更重要的是理解和思考,也就是要选择正确的方式然后去努力。

要想在社会上赚到钱,就要为社会提供其有需求却无从获得的东西。如果社会已经创造出需要的产品和服务,你就不被需要了。社会发展永远需要新事物,如果想变得富有,你要知道你能为社会提供哪些别人有需求但无从获得的东西,而提供这些东西对你来说又是轻松自然的事情，在你的技术和能力范围之内。

随着互联网发展，每个人都可以很容易找到自己的受众，只要在网上进行独特的自我表达，就有机会传播自己的东西，累积财富，打造产品，甚至创立品牌和企业。只要你在自己的领域做到最好，甚至能够规模化或者提供独特的内容，即使你的兴趣很小众，也能脱颖而出。独辟蹊径避开竞争，就是创造的核心。

例如，深圳某餐厅，特别偏僻，只做12道菜，生意却依然红火。这家餐厅的特色就是用料创新，全部采用有机和天然的食材，土鸡就是地道土鸡，土猪就是土猪，厨师只做自己拿手的菜，而且会根据食客的意见不断改进菜品风味。正是这种不可替代性，让这小小的餐馆很快实现了增量财富。

普通人也是如此，当高学历人才遍地都是，能否为企业创造价值，能否为社会创造增量财富，将成为衡量一个人成长的基本标准，也是能否积累财富的基础。

所以，拥有独特的创造力，并能找到差异化的产品或服务，往往就能够积攒到第一笔财富。

◆ 通过创业或买入股权获得财富

拥有财富的企业大部分是那些基业长青的世界500强企业，因此，通过创业获得财富也是一种常见的投资方式。另外，如果不具备创业的条件，买入股权也是一种比较好的创富手段。

创业可以带来高回报，但同时也需要承担较大的风险和挑战。

买入股权则可以在一定程度上降低风险，同时分享企业的成长和收益。

如果拥有股权或投资，很大程度可以实现你在世界各地度假的梦想，或者躺在家里，企业和钱也在帮你赚钱。

一个人可以选择先努力工作，积累能力后拥有企业股权，或者买入企业股票成为小股东或者创造自己的企业。

例如，有些医生实现了财务自由，因为他们自己开了公司。他们设立私人诊所，打造品牌，以品牌吸引客户，也有些医生通过生产医疗设备、发明某种程序或流程等获得了知识产权收益。

其实也可以把"创业"理解为"创建个人生意"。个人生意可以是那种风投背书的公司，也可以是一个会计师、UP主、个体户。做生意不一定是金钱资本，你的知识、技能和社会资源都可以是资本。拥有私人生意可以是"创业"，也可以是投资私人企业，比如以资金或技术入股，或者作为公司的早期员工拥有股权。

买入股权的投资不等同于购买股票，股票投资是在交易市场赚取交易的不对称性、不平衡性，某些人赚钱就意味着其他人一定亏钱，这基本是一个零和游戏。当牛市的时候，由于增量资金不断进入，大家都赚钱，一旦市场资金变成净流出的时候，股票就会大幅下跌。而股权投资则是投到实体经济、投到企业，投资人变成企业长期股东，投资人把自己的资源和隐性能力嫁接到这个公司，为公司的长期发展做出持续性的贡献。

还有一种股权投资是通过并购来持有一家公司，变成这家公司的第一大股东或者重要持股比例的股东。这种情况下,投资者不需要通过交易去赚钱,而是通过这家企业的发展去赚钱。

股权投资是投到实体经济里的,选择的是好的企业、好的团队,企业就会经营得越来越好。随着时间的推移,企业会发生翻天覆地的变化,也会给投资人带来确定性的高回报,这是日积月累的结果,投资时间越长,投资人获得收益的倍数或确定性越高,这是股权投资的特点。

想要通过创业或买入股权获得财富的人来说,以下几点建议值得关注。

1. 在创业或投资之前,进行充分的市场调研至关重要。了解行业趋势、市场需求、竞争情况以及潜在的商业机会,有助于评估项目的可行性和潜力。

2. 清晰的商业模式是成功的关键。在创业或投资之前,需要认真思考如何定位产品或服务、如何营销和销售、如何控制成本和增加利润等核心问题。

3. 成功的创业或投资往往需要一个优秀的团队和领导者。评估团队的能力、经验和背景,以及领导者的能力和视野,是判断项目潜力的关键因素。

4. 创业或投资都存在一定的风险,因此风险管理至关重要。评估潜在的风险因素、制定相应的应对策略,以及保持灵活性和适应性,有助于降低风险并获得更好的回报。

5. 创业或投资是一个不断学习和改进的过程。通过不断学习行业知识、积累经验、优化商业模式和管理方式，可以提高自身的竞争力和成功率。

◆ 用判断力进行财富积累

普通人最普遍的赚钱方式是用时间和劳动换取收入，大部分人认为只要努力工作，加倍地干活就可以多赚点钱，但就算天天加班，每个月工资还是有限的。而一些赚大钱的人，往往靠的是对事情的判断力。比如，正确的决策能力，对某个行业未来发展前景的判断，对经济形势的判断等，都可以获得更大的财富。

巴菲特之所以被称为"股神"，是因为投资人对他的可信度极高。他对自己的业务极为负责，一次又一次在公开场合做出正确的判断。他赢得了社会的充分信任，加上他判断力出色，人们才敢在他身上押上不计其数的筹码。没有人问他工作有多努力，没有人问他几点起床、几点睡觉。大家都说："巴菲特，你只要把业务搞好就行了。"

大多数赚到钱的人基本上都具有卓越的感知力和判断力，他们能够及时识别机会和陷阱。

没有知识的积累和工作经验的积淀，普通人很难一上来就具备判断力。但是，应尽可能向用头脑、用判断力赚钱的方向努力，而不是仅仅用时间赚钱。

就拿投资基金来说，每天看基金净值、查看当天盈亏，或者在相关产品的论坛里花时间刷帖子，看似为基金投资忙得不亦乐乎，但这些不能算是有效努力,也很难使我们对于基金形成系统性的判断力。换个角度,如果能够将这些时间投入提升基金投资过程中的判断力上,或许更有价值。比如,可以整理自己和家庭收支情况,评估风险承受能力和投资预期管理,大量研究意向基金公司和基金经理,了解他们的投资风格与投资方向,等等。这样,投入同等的时间和努力,能更有效增加我们的判断力。

所以,日常要养成提升判断力的习惯。

1.深入了解相关市场和行业,包括市场需求、竞争情况、技术趋势等。通过研究市场数据和趋势,可以更好地评估商业机会和潜在的风险。为思考留出时间,以厘清事情的来龙去脉。

2.收集尽可能多的相关信息,包括行业动态、政策变化、消费者需求等。准确的信息可以帮助你做出更准确的判断和决策。

3.根据收集的信息和市场情况,进行深入的分析和判断。评估潜在的机会和风险,预测市场趋势,并制定相应的策略。摆脱经验主义的影响,明白具体问题需要具体分析,有效决策需要原则与心智模型。

4.在做出决策时,要果断并勇于承担风险。不要过分犹豫或过于保守,以免错失商业机会。

5.市场和行业在不断变化,需要持续学习和改进自己的判断力。通过不断积累经验、反思错误并吸取教训,可以提升自己的判断力和决策能力。

◆ 财富产生于时间复利

人人都想一夜暴富,但世界的运行遵循由量变到质变的规律,大自然的法则是春播秋收,极少有事情是立竿见影的。时间的投入是必需的。一切人生财富,都需要靠时间积累。

创造财富来源于客观的时间和精力的投入,锻炼自己的好习惯、硬本领和软实力,提升自己对事物的认知思维,学习哲学增长智慧,连接更多人脉,通过主业和副业挣更多的钱。

时间对每个人都很公平,每个人每天都是 24 小时,但是不同的人会有不同的时间观念和时间管理方式。只有意识到时间的价值,才能更好地为积累财富进行提前规划。

财富的积累正是时间复利产生的结果。也就是说要通过时间的积累和复利的效应,来实现财富的增值。具体来说,时间复利是指将资金在不同的时间段上进行投资,随着时间的推移,投资的收益会不断累积,从而实现财富的增值。

时间产生复利效应,复利效应 = $(1+r)^n$,其中 1 是你的起点,r 代表每天的进步,r 可以很小,但你要保证它一定得是正的。

如果我们把时间投资在能够带来收益的事情上,如学习、工作、创业等,那么我们就可以获得更多的时间回报。我们可以利用这些时间回报来继续投资更多的时间,从而形成一个正向的循环。这样一来,就可以积累更多的知识、技能、经验和财富,最终达到财富自由的境界。

时间复利与传统的复利计算方式不同,它更注重时间对财富的影响。在时间复利的情况下，投资的收益会随着时间的推移而不断累积，从而产生更大的财富效应。

时间复利的应用非常广泛，在投资理财、房地产等领域中都有应用。通过合理的规划和投资，人们可以利用时间复利的效应实现财富的增值和长期的财务自由。

做有时间复利的事情，你会发现，时间越长，获得的价值就越大。无论是投资人、企业家还是科学家，他们都把时间放在拥有复利效应的事情下，而非每天琐碎的工作。越是优秀的人，越"不繁忙"。当然，等待时间的复利并不是"躺平"不动，而是要长期保持进化的能力，只有不断提升自己，才能得到更多。

第4节　财富与认知的非线性关系

◆ 认知与财富要相匹配

有句话流行很久了：财富是认知的变现。乍一听，特别有道理。但仔细思考一下好像又不全对。财富与认知有关系，但不是绝对的关系。人们一致认为"人永远赚不到他认知范围之外的钱"，事实上，光有认知是不够的，有了认知还需要靠运气去赚钱，靠实力去守护，否则很容易把运气带来的财富亏掉。因为一个人的财富大于自己认知的时候，往往社会有无数种方法收割你，直到让你的认知和财富相匹配为止。

第一篇　财富到底是个啥？重新定义财富和认知

什么才是能够匹配财富的认知呢？是指人们获得知识或应用知识的过程，或信息加工的过程，这是人的最基本的心理过程。它包括感觉、知觉、记忆、思维、想象、语言等。人接收外界输入的信息，经过大脑的加工处理，转换成内在的心理活动，进而支配人的行为，这个过程就是信息加工的过程，也就是认知过程。

人的认知能力与人的认识过程是密切相关的，可以说认知是人认识过程的一种产物，一般来说，人们对客观事物的感知（感觉、知觉）、思维（想象、联想、思考）等都是认识活动。

获取信息的效率，是这个时代最重要的能力，我们必须接纳足够多的有效信息，才能找出信息之间的关系，从而找出规律，找到本质，才能形成"认知"。

用一个更直观的公式来看则是：获取信息——找到信息之间的关系——找出规律——找到本质——形成"认知"。

很多人看似懂得挺多，获取了很多信息，但并没有获取真实的有效信息。

比如，大家每天都在刷短视频，看娱乐节目和玩游戏中，了解到一些新资讯、新闻、八卦等，你能称他们增长了你的认知吗？不能！这些活动虽然放松了我们的神经，缓解了我们的压力，但同样也消耗了我们的精力，我们能提取到的有效信息并不多，对我们认知的增长并无裨益。

有人说：看短视频也是在学习啊，实际上，绝大部分短视频输出的是"情绪"而非"信息"，短视频和直播就是靠煽动大众的情绪得以传播，让大家下单。很多观点是在迎合大众，甚至误导大众，而只有这样才能走红。

娱乐节目和游戏更不用说，带来的都是"情绪安慰"和"情绪满足"，他们的存在目的都是让我们放松，而不是让我们吸收和学习。有人说：每天刷的社交媒体不也能获取信息吗？实际上现在的社交媒体都是算法推荐机制，你越喜欢什么内容，他就越给你推荐什么内容。你深信的东西都会反复加强，你怀疑的东西都会主动避开你，到最后其实也是一种情绪满足，这些投喂式的信息会使我们更加故步自封。包括我们平时的聊天和社交，也很难获得更多真实有效的信息，因为我们只能同一个层次的人交流，大家认知水平相近。信息源相近，彼此之间还能互相肯定，只能让这种"信息茧房"更为牢固。

所以，在这个"信息投喂"的时代，需要警惕自己的认知受到影响。一个人想要达到认知与财富水平相匹配，就要勤于学习新知，拓宽信息来源渠道，防止信息的单一性和片面性。要学习接受多领域知识，见多才能识广，看问题也才会触类旁通。另外，要有独立思考能力，一个人的思考深度，决定认知高度。学会在思考中分辨是非、判断正误，走出信息茧房，拥有更宽的视野和更广的思域，避开可能陷入的认知陷阱，逐渐修正认知达到与个人财富持平的高度，才能实现靠认知赚钱，靠认知守护财富。

◆ 避开认知陷阱

在认知方面有很多人会走入误区，第一个误区：认知越高，能力越强，这是一个悖论。认知高，不一定能力强，能力还与经验有关。种地的农民和 AI 工程师，工程师的认知肯定远远高过农民，但能力一定比农民强吗？可能工程师还真不知道几月播种，几月收割。

我一直强调，谈论一个问题，一定要加上边界。边界内讨论问题，才有解决方案。我也一直强调，谈论认知，一定要加上领域，不同领域隔行如隔山。再说回认知，认知越高，如果没有行动，就会陷入务虚的状态。也就是有了认知还要通过行动和实践去检验认知是否靠谱，否则会成为纸上谈兵。

第二个误区：认知越高，财富越多。现在有个词"高认知穷人"，他们往往具备高水平的智力和认知能力，可能在解决问题、创新、学习、理解抽象概念等方面表现出色，但由于环境、教育或其他原因，他们的经济状况可能并不理想。

这类人群可能拥有高学历或广泛的知识储备，见多识广，但他们的经济所得往往不及预期，没有做出与自身能力相匹配的成绩。在财务决策方面，他们可能缺乏理性分析和判断能力，如购买物品时不懂得评估价值，或在投资理财时容易做出错误的决策。

然而，值得注意的是，"高认知穷人"并不仅限于经济上的贫困阶层，而是可以存在于各个社会阶层中。他们的穷困主要体现在认知水平与经济状况的不匹配上，即他们虽然拥有较高的认知能力，但并未能有效地利用这些能力来改善自身的经济状况。

因此认知高，不等于财富多。那么，认知和财富的中间究竟隔着什么呢？巴菲特说："整天工作的人，是发不了财的。财富是对认知的补偿，而不是对勤奋的奖赏。"中国人一直特别勤劳，自古以来大家都认为勤劳致富，我们也在天天宣传。而事实上，致富需要勤劳，而勤劳不一定能致富。这就是很多人上了许多年班，却依然攒不下钱的原因。不是我们不努力，而是只顾着努力了。

巴菲特还说："如果你在错误的道路上，奔跑也没有用。"而且往往你跑得越快，错得越离谱，在你无法判断方向的时候，是你最应该停下来的时候，而不是像只无头苍蝇一样，到处乱飞。很显然，能正确地做出选择才是最重要的，而正确的选择依赖正确的认知。财富是在正确的认知指导下创造的价值，它是对认知的补偿。

避开认知陷阱，就是要我们明白，认知不能决定财富，但可以影响财富。一个人拥有更多的财富，往往是因为他们拥有更高的认知水平，能够更好地理解市场、投资和财务管理等方面的知识，从而更好地把握机会和规避风险。

在投资领域，认知水平的高低往往决定了一个人的投资收益。如果一个人没有足够的认知水平，就很难理解市场趋势、公司基本面和估值等方面的知识，从而难以做出明智的投资决策。相反，如果一个人拥有更高的认知水平，就能够更好地理解市场和公司的情况，从而做出更明智的投资决策，获得更高的投资收益。

所以，在财富积累和财富守护方面，没有认知不行，光有认知也不行，把认知当成辅助财富的工具和手段，才能产生真正的影响。

◆ 认知 + 能力 + 行动 + 运气 = 财富

从认知到财富，中间隔着能力和行动。仅仅拥有高认知水平并不足以保证获得财富，还需要具备相应的能力和行动力。认知是指人们对周围事物的看法、理解和变通，它决定了人们对市场的判断、投资的理念以及财务管理的意识。然而，仅有认知是不够的，因为能力和行动是实现财富的必要条件。能力是指一个人在特定领域内所具备的专业技能和知识。

在投资领域中，能力的高低往往决定了投资者的成功与否。投资者需要具备对市场趋势的判断能力、公司基本面的分析能力、估值的评估能力等，这些能力可以帮助投资者在市场中寻找机会、规避风险，从而获得投资收益。

行动则是将认知和能力转化为实际操作的必要步骤。在投资中，行动包括研究市场趋势、分析公司基本面、评估公司估值等具体操作。只有通过行动，投资者才能将认知和能力转化为实际的投资收益。

另外，运气在财富创造过程中起着不可忽视的作用。有时候，一些外部的、不可控的因素，如市场环境、政策变化、自然灾害等，都可能对我们的财富创造产生影响。然而，尽管运气是不可预测的，但我们可以通过提高认知和增强能力来更好地应对和把握运气带来的机会。

这四个因素共同构成了财富创造的完整过程。其中，认知、能力和行动是我们可以主动控制和影响的因素，而运气则是我们无法完全掌控的外部因素。通过不断提升自己的认知和能力，积极采取行动，并善于把握运气带来的机会，我们就有可能实现财富的持续增长。

同时，需要注意的是，这个等式并不是简单的相加关系，而是各因素之间的相互作用和共同影响。只有在各个因素都得到有效发挥的情况下，我们才能最大限度地实现财富的积累。因此，我们需要不断学习和实践，提升自己的认知和能力，保持积极的行动态度，并善于应对各种运气带来的挑战和机遇。

第二篇

堵住财富的漏洞,不让财富反噬自身

第三章
财富"双刃剑",风险需提防

第1节　家庭财富的几大风险

◆ **存银行的钱变少了——利率、大环境以及未来趋势的影响**

银行存款利率在不断下调,习惯于通过银行存款进行理财的普通人会发现存银行的利息变少了。银行下调存款利率的品种主要集中在拥有中长期限的产品上,即便是以存款利率较为高昂闻名的中小银行,定期存款的利率也在下调。

中国人喜欢在银行存款是优良传统,多年来形成了定向思维,觉得钱存银行才踏实。在经济高速稳定增长的时候,银行放贷有丰厚的利息收入,有足够的资本和条件把存款利率提升,对于不太擅长其他领域进行投资的人来说,银行存款这种传统方式,可以说是最稳定的资金保护手段。

银行之所以下调存款利率,其核心是银行放贷变得艰难,银行的钱没有很好的出处,维持较高的存款利率无形中就成了巨大的成本。银行作为国家的金融实体，自身也要生存，各种贷款的让利，必定会在存款上降低成本，让大量存款居民来共同承担银行降低贷款利率的损失。因为银行靠存放款利息差来盈利。如果经济发展不稳定，加上银行自身经营不善，本身也充满着不确定性的风险，同时为了促进投资和消费，降息成为常态动作。

银行存款利率的调整与经济环境和货币政策密切相关。经济发展放缓、人口老龄化、宽松货币政策以及政府高企的债务杠杆等因素，都可能导致存款利率下降。

对于普通人来说，需要关注的不仅是房贷利率，还要关注存款利率。不仅如此，还有一个指标LPR（贷款基础利率），也是比较重要的指标。

从整个全球经济发展来看，利率下行是大趋势，全球利率一直在下降。2014年，欧洲央行首次推行负利率；2016年，日本央行也开始实行负利率；我国银行存款利率也在不断下行，这和中国经济增速放缓、贷款利率逐渐下降是有强关联的。在这样的大背景下，把钱安全地放在银行钱生钱，已经变得不再像以前那么容易。

利率的下调对普通人的影响体现在以下几个方面。

1. 影响投资产品的收益。存款利率下调的同时，债券利率也会随之下调，那么，大部分的银行理财，如债券基金等产品收益就会降低。

2. 影响生活成本。利率下调，存钱的利息减少，人们会更愿意去消费，而不愿意多存钱。当消费和投资增加时，物价就可能会升高，人们的生活成本也就会上涨。

3. 养老和子女教育储备金增加。利率下行的结果需要准备更多的钱才能达成相同的目标。例如，如果一个人想退休后每个月多领1万元作为补充的养老金，利率和本金的关系就是：

利率4%，要存本金12万/4%=300万元；

利率3%，要存本金12万/3%=400万元；

利率1.5%，要存本金12万/1.5%=800万元；

利率1%，要存本金12万/1%=1200万元。

利率降了3个点，要保证每月能领到1万元，本金需要增加900万元！

所以，对于普通人而言，在利率下行的环境下，如何安全又稳健地提升自己的收益是一个重要的问题。不同期限的资金，可以根据收益性和灵活性，分别存放在不同的理财工具上。短期的钱可以放在货币基金、短期债券基金等；中期的钱可以投资国债、大额存单、债券基金等；长期的钱可以选择内地或香港的储蓄险。

未来存款利率的趋势可能与经济增长率有关。如果经济增长放缓，存款利率可能会继续下降。此外，人口老龄化、宽松货币政策和政府债务等因素也可能影响存款利率的走势。因此，个人应该根据自身的经济状况和风险承受能力，选择适合自己的理财方式，以实现资产的稳健增值。

对于银行而言，存款利率的下降可能会影响其利润。但为了支持实体经济和企业发展，银行可能需要降低贷款利率。如果银行希望保持较低的贷款利率,就需要适当降低存款的成本,这也是存款利率下调的一个原因。因此,对于银行来说,如何在支持实体经济和保持自身利润之间找到平衡是一个挑战。

总的来说,银行存款利率的下降是一个复杂的问题,涉及经济环境、货币政策和个人理财等多个方面。对于个人和银行来说,都需要根据实际情况选择适合自己的理财方式,以实现资产的稳健增值。

◆ 花钱理财却赔了——理财的种类、底层资产以及风险因素

这几年很多人买的理财产品出了问题,有的是本金不能回收,有的是理财出现了浮亏。作为投资者,大部分不知道是买的产品出了问题还是底层资产出了变动。因此,想理财还是要了解清楚。

说起理财,除了前面的存款之外,接着就是种类繁多的各种理财产品。理财的种类可以分为固定收益类、权益类、混合类等。固定收益类理财产品主要是债券等固定收益类资产,风险相对较低,但收益率也相对较低。权益类理财产品主要是股票等权益类资产,风险较高,但收益率也相对较高。混合类理财产品则介于两者之间,既包括固定收益类资产也包括权益类资产,风险和收益也较为复杂。

一般来说,买的理财产品时间越长,收益越高。这就体现了货币的时间价值,用时间换收益。另一个是高收益高风险类的理财产品。

理财产品的底层资产也是影响风险和收益的重要因素。底层资产的类型和构成直接决定了理财产品的风险和收益特征。例如，一些理财产品的底层资产是房地产，风险相对较大，但长期来看也可能带来较高的收益。一些理财产品的底层资产是货币市场工具，风险相对较小，但收益率也相对较低。

只有了解了理财的底层资产投向，明白资金的具体流向，才能对购买的理财产品放心。

理财产品的具体种类分为：

1. 现金类。一般是指能够提供现金管理服务的理财产品，如货币市场、债券市场、银行票据等标的。货币市场类包括现金、存款、大额存单、同业存单、货币基金、质押式回购等。具有风险低、收益稳定，并能兼顾流动性等特点，如货币基金（余额宝）。短期货币工具如国库券、商业票据、银行定期存单、银行承兑汇票、政府短期债券、企业债券等短期有价证券。具有高安全性、高流动性的特征。短债基金，主要投资于货币市场工具，包括流动性资产、固定收益类资产和信用等级较高的不动产类资产。银行现金管理类，如银行存款、短期债券等低风险资产，相对于其他银行理财产品，其风险较低，同时收益也相对较低。

2. 固定收益类。固定收益类包括国债、地方政府债、中央银行票据、政府机构债、可转债及可交换债、债券类基金、非标准化债券资产。权益类的包括上市交易的股票、其他法律规定或监管批准的权益类特征资产。商品及其他金融衍生工具如商品现货、期货。

固收类理财属于中低风险等级。

3. 权益类。投资主要包括股票、基金、股权等权益类资产不得低于 80% 的理财产品。此类产品的很大仓位用于投资股票、基金、股权等，这类理财产品风险等级高。

4. 实物类。如房地产、证券化资产、对冲基金、私人股本基金、大宗商品、艺术品等，都可以归于实物类投资。

5. 保险类投资。一般分为偏保障和偏理财两种类别。常见年金险、增额终身寿险、投连险、分红型的万能险等。对于普通人而言，保险投资需要根据个人实际需求慎重选择。

6. 黄金类理财。各大银行都有自己的实物黄金以及挂钩黄金的不同理财产品，其风险等级各不相同，需要看产品说明、投资策略和银行工作人员的介绍等。

为了防范理财的风险，必须了解底层资产穿透。那么，什么是底层资产穿透呢？

底层资产穿透即了解资金最终流向，以还原资产的真实状态、本来面目和本真价值，避免投资的资金被期限错配、混合运作等暗箱操作。这主要是为了管控风险和保护投资者的利益。穿透分为向上穿透和向下穿透。向上穿透的主要是投资者，这一步骤是为了筛选投资者是否合格，是否满足资金要求和投资经验要求。向下穿透的主要是理财产品的底层资产，要监管产品的资金流向和底层资产的流动性风险情况。

简单一句话，所有的理财产品，底层都是买了资产的。底层资产赚钱,理财产品就赚钱,底层资产亏钱,买的理财产品就亏钱,这就是根源。

如果想要低波动低收益,就买货币产品或债券产品。想要提升一些收益,又不想承受太大波动,就要股债搭配。如果想要高波动高收益,可以选偏股资产的投资。

因此,在理财之前一是要了解自己,找到合适自己的投资产品;二是做好家庭资产配置,结合家庭投资目标合理划分每种投资产品的配置比例,主打多期限混合搭配;三是了解产品信息,查看和阅读理财产品的销售文件,通过分析比较各种产品,有助于做出最适合自己的投资选择;四是选择与自己风险承受能力相符合的投资产品,根据自身能力谨慎决策;五是通过正规渠道投资,理财的安全既来自产品,又来自渠道,通过正规金融机构购买,产品比较规范,风险较小。

◆ 疾病和意外的风险——上医治未病,中医治欲病,下医治已病,财富治穷病

疾病和意外是人们面临的主要风险,它们会给个人和家庭带来巨大的经济和精神负担。面对疾病,大家去医院看病,难免会因为昂贵的医疗费而头疼,随着中国全面医保的推进,看病虽然能够省去一些费用,但我国人口基数大,医保能用的地方难免有限,因此疾病带来的风险依然是普通人很难承受的经济压力。

这就让疾病的预防和治疗显得尤为重要。我国自古以来就有

"上医治未病"的说法,重视未病先防。在身体发生器质性病变之前,器官的功能先会下降,当下降到一个临界点时,人体才会发生病变。如今,无论高净值人士还是普通民众,预防疾病已成为头等大事。

对于健康人们有个普遍的共识,"有什么别有病,没什么别没钱""不怕挣得少,就怕走得早",这些共识说的都是一个意思,健康很重要,健康是人生第一大财富。生而为人,生命无法重来,钱没了可以赚,但健康没了就一切都没了。健康的体魄对于我们每个人显得尤其重要。

我们知道乔布斯很有钱,李玟很有名,霍金很有才,但他们都因为失去了健康,过早失去了生命,很多人为之惋惜。假如有健康,他们可以创造更多的财富,可以在拥有自己名利钱财的同时,给社会带来更好的产品、作品和才华,实现更多的价值。

体检与健康管理服务可通过全面的身体检查和健康评估,及早发现潜在的健康问题,并提供相应的干预措施和健康指导,以维护和促进个人健康。健康评估是在体检数据的基础上,对个人的健康状况进行全面分析和评价的过程。通过评估,可以了解个人的慢性疾病风险、生活方式、精神压力等方面的情况,并提供相应的干预措施和健康指导,以帮助个人改善不良生活习惯、预防疾病的发生。

如果已经诊断出了疾病,为了使生活质量不被大幅降低,那就需要采用"医疗保险与就医绿通服务"。除了生活中常用的医保,还要买一些医疗重疾险，以备不时之需。

在有医保的基础上，可以搭配商业保险来作为补充，即使真不幸罹患疾病，家长和孩子也能无后顾之忧地进行治疗，早日恢复健康的身体。

医疗保险一般分为住院医疗保险、门诊医疗保险、意外医疗保险等，可以根据自己的需求选择适合自己的保险种类。选择有良好信誉和服务质量的保险公司，可以更好地保障自己的权益。对比不同保险产品的保障范围和理赔流程。不同的保险产品有不同的保障范围和理赔流程，需要仔细比较不同产品，选择最适合自己的保险。同时不要忽略意外险，虽然意外是小概率事件，但一旦遭遇意外无论给自己还是给家人都会带来极大的影响，因此要根据自身需求，积极配置意外险。

◆ **债务和婚姻的风险——财富的所有权不是一成不变，保全与隔离很重要**

债务和婚姻的风险是两个密切相关的话题，它们都涉及财务风险和法律责任。巴菲特说："婚姻是投资中最大的风险。"据说，某明星离婚时才发现自己已被"掏空"，连打离婚官司的钱都是借的。所以，情投意合的时候，觉得谈钱伤感情，一旦恩断义绝，夫妻双方就不得不面对婚姻中的财产风险与债务陷阱。只有做好防范，才能避免到最后出现婚姻危机时，既伤了感情，又没了钱。

首先，婚姻中的债务风险。我国夫妻财产采用法定婚后所得共同制，婚姻存续期间夫妻一方所得或双方共同所得的收入和财产，如果没有事先约定，属于夫妻双方共有。常见的婚姻中的债务风险第一种是财产混同风险，指两个人婚前婚后共同财产混在一起，分不清哪些财产是婚前的，哪些财产是婚后的。一旦发生离婚纠纷，对于拥有较多婚前财产的一方来说，会非常不利。第二种是父母出资风险，如父母在出资为子女购买房产时，如果无法提供赠与子女一方的证据，就会导致出资性质成为财产分割的争议焦点。

婚后父母资助子女购房，有约定的，按照约定；没有约定或约定不明确的，无论是全额出资还是部分出资，无论是登记在一方名下还是双方名下，都属于夫妻共同财产。

第三种是擅自处分风险。夫妻双方对共同所有的财产，享有平等的占有、使用、收益和处分的权利。如果一方擅自处分夫妻共同财产，对另一方不发生法律效力。例如，隐藏、转移、变卖、毁损、挥霍夫妻共同财产。或者擅自将夫妻共同财产赠与第三人。夫妻一方未经另一方同意，与第三人恶意串通，将夫妻共同财产赠与第三人的，另一方可以依据民法典第154条之规定，主张赠与行为无效，可以要求受赠人返还。

其次，婚姻中面临的债务陷阱。一种是婚前一方债务，配偶一方的婚前债务不属于双方共同债务，债权人不能在债务人结婚后向其配偶主张权利。另一种是婚后非法债务，如一方因赌博、吸毒等活动欠下巨额债务，逃跑或轻生，不能让配偶来偿还。

婚姻关系是一种法律关系，夫妻之间有相互扶养的义务和共同处置财产的权益。然而，婚姻中也存在风险，如一方可能存在隐瞒债务、转移财产等行为，导致另一方遭受经济损失。此外，离婚时也可能会面临财产分割和抚养子女等问题的争议。

因为有婚姻的债务风险，所以对于财产的保全和隔离非常重要。例如，在婚前进行财产公证，明确双方财产的归属和分配方式；在婚姻中保持财务透明度，共同管理家庭财务；在子女抚养和教育方面进行充分的沟通和协商。如果是财产较多的高净值人士，可以选择婚姻财产信托金融工具进行财产的保全与隔离，这可以帮助夫妻或未婚伴侣规划和管理他们的财产，以确保在婚姻或伴侣关系期间以及之后，财产权益得到保护。特别是在离婚或伴侣关系结束时，通过信托，可以避免财产被分割或者因为其他原因而损失财产。此外，信托还可以为受益人提供稳定的财务未来，通过将资产放入信托，可以确保子女的教育和未来生活有经济保障。

在婚姻或伴侣关系期间，财产通常会被认为是夫妻或伴侣共同拥有的。然而，通过设立信托，夫妻或伴侣可以将财产转移至信托中，使其独立于其他财产，从而保护该财产免受婚姻或伴侣关系结束时可能出现的风险。

比如，邓文迪和默多克的婚姻案例就是婚姻财产信托规划，默多克作为千亿级别的大富豪，因为与第二任妻子离婚时被分走17亿美元，默多克有了前车之鉴，为了不让后来的婚姻问题损失财产，于是设置了信托，受益人就是他的孩子。他用信托的灵活性，设置了他和两任前妻的孩子享受有投票权的股份，跟邓文迪的孩子，只能享受一些财务收益。由于钱放在信托里，不属于默多克的个人婚内财产，即使不签订婚前协议，离婚的时候邓文迪也分不到太多财产。

资产保全和隔离不可能仅仅通过某一个工具或方式解决全方位的问题，因此有对财产进行隔离和保全需求的人，需要和各个领域的专业人士做好充分的沟通，只有这样才能把婚姻资产保全的作用发挥到最大。

在规避债务和婚姻风险方面，我们做过这样一个案例。

XX 与 YY 自身年龄 54 岁，受身体状况困扰多年，体力精神都倍感压力，事业及生活主要托付给亲人及护理人员。夫妻居住在县城，无日常工作负担。孩子居住在上海，处于事业起步阶段，收入不稳定，尚未结婚。核心家庭成员均为中国居民，无海外身份。XX 父母已去世，姑父姑母为家族大家长；YY 父母身体健康。

外贸公司的盈利收入为其重要的收入来源，每年净利润 50 万~100 万元，一级市场的投资项目收入也是家庭财富增值的重要因素。

资产结构主要为：现金资产 400 万元，个人负债 100 万元，合计 300 万元。公司股权：外贸公司股权（价值约 500 万元），工厂股权（价值约 500 万元），企业负债 100 万元，合计 900 万元。金融资产：上市公司股权（价值约 600 万元），股权投资基金（300 万元），2/24 保险（30 万元），美元 25 万元（150 万元），15 万元保险（100 万元），个人负债 100 万元，合计 1080 万元。不动产：合肥及霍山房产（2 住宅，2 写字楼），合计 1300 万元。家族资产总

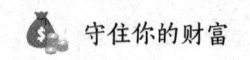

计：3580万元。

家庭资产情况梳理：

A. XX。大部分资产已经给YY和儿子，100万元现金；300万元股权基金份额；县城房产一套价值350万元；合肥市区写字楼两间150万元；霍山工厂股权及工业用地500万元；个人负债100万元。

B. YY。现金200万元（包含债券、活期存款）；年金保险与重疾保险各一份，购于银行与保险公司（30万元）；海外美元25万元；外贸公司股权500万元。

C. 儿子。合肥房产一套600万元；100万元现金；600万元企业股权，新三板挂牌；100万元等值保费的海外保险——增额终身寿险一份。

家庭资产管理情况：XX作为家庭收益的主要创造者，由于健康状况不理想，已经做到了很好的传承和人身风险转移，将大部分资产赠与、分配至配偶及孩子名下，具有前瞻性，较大程度减少了资产不能保全、不能合理传承的风险。家庭资产使用较为合理，不存在使用不当和挥霍的情况。现金、不动产、金融资产、企业股权的比重分布合理，但仍有进步空间，可以对海内外现金部分进行保守的保值管理。

家庭资产面临的风险及挑战点分析：

一是债务风险。企业债务100万元，相对于企业资产，处于较低水平，但仍不能忽视企业经营导致的连带责任风险。XX个人债务 100 万元，用于购买股权投资多种产品，综上，XX 家庭有一定的债务风险。

二是婚姻风险。儿子处于适婚年龄，在确保儿子能获得幸福的同时，要防止对方觊觎家庭资产而导致的特殊目的婚姻，要防止由于婚姻共同财产制导致的影响。儿子的婚姻状态的变化，对家族资产有较大影响，如果从世代传承的角度看，这个风险需要更加重视，提前做好避险安排。

三是人身风险。XX 和 YY 的健康应予以重视，YY 和儿子都购买了保险进行"人财"保障，此方面可以进一步规划，对保单情况进行分析。

四是税务风险。针对未来可能出现的房产税、遗产税，需提前规划。公司的营运存在企业所得税，应尽量提前做好避险安排。

该用户家庭中重要的资产一是人，二是财。家庭成员有一定人力资本价值的认知，进而购买了人寿保险，年金险 30+ 重疾险 1 份，无杠杆寿险。

针对以上的分析，我们给出如下建议。

风险隔离架构。对儿子的婚前财产进行合理的风险隔离，在保值增值方面，企业要合理避税，规范管理并且有效分红。合理使用方面，XX 医疗护理费用预留及未来规划，YY 未来的生活规划及身体健康，XX 和 YY 未来养老规划，孩子未来婚姻、购房、生育、创业资金需求准备，对 YY 父母养老的规划。传承方面，XX 及其妻子所持有资产总价值高达 2180 万元，超过家族资产的 1/2，未来一定会由儿子继承，因此，该传承工作需要详细规划且增强。

◆ **通胀和养老的风险——通胀的背景与购买力，养老金的三大风险**

通货膨胀带来最直接的影响就是物价整体上涨，货币的购买力会下降。虽然通胀带来的货币贬值是一个老生常谈的问题，但通胀容易被忽视。年轻时，我们可以赚钱养家，但年老以后，面对不断攀升的生活支出，养老就会面临风险。

即使大部分老年人有退休金，但随着时间的推移，养老金的价值会逐渐缩水，因为它们通常是按照一定的比例逐年增长的。这意味着，如果一个人的退休金是每年固定的数额，那么在通胀的情况下，他/她的实际收入将会减少，从而增加养老的风险。

我国已经进入老龄化社会，未来的社会状态是年轻人少老年人多的趋势，这给整个社会带来巨大的挑战，对于每个个体而言，如何做好养老规划、如何为自己的退休生活做更充分的准备，是我们重点关注的问题。

假设A在退休时年收入20万元，按照70%养老金替代率计算，退休后每年养老金14万元，65岁退休。保守按照80岁的预期寿命，退休后A的养老金总额是210万元。如果A所有的养老金都用于个人的养老支出，通货膨胀依然按年均4.19%来计算，退休消费水平要维持不下降，需要的实际养老总支出将会变为284万元。可以发现为了维持稳定的消费水平我们实际需要的养老金支出超出了养老金的总额，预期寿命变长超出则可能会更多。

再换个角度来理解：如果退休时 A 手上已经准备了 100 万元养老专用资金，假设不做任何投资理财，在通货膨胀的影响下这 100 万元在 14 年后的实际购买力将缩水为 56 万元。这个影响是不是更明显一点，A 的购买力几乎下降了一半。

显然，我们不能让自己的养老金一直闲置在手上，由它随时间的流逝，一点点地被通货膨胀蚕食掉。

除了通胀，养老金本身也涉及多种风险，以下是一些常见的风险：

1. 缴款时间短。在很多国家，人们需要缴纳一定期限才能开始领取。如果一个人在达到法定退休年龄之前停止缴纳养老金，他/她可能会面临无法领取养老金的风险。此外，如果一个人缴纳的时间太短，他/她最终领取的养老金金额可能会较少，这会对他/她的养老生活产生影响。

2. 领取金额少。养老金的领取金额通常是根据个人的缴费记录、工资水平、缴费年限等因素来计算的。如果一个人的缴费记录不完整或工资水平较低，他/她最终领取的养老金金额可能会较少。此外，一些国家可能会降低养老金的发放标准，从而导致领取的金额减少。

3. 去世过早。如果一个人在达到法定退休年龄之前去世，他/她可能会无法领取到自己缴纳的养老金，或者只能领取到部分养老金。这会对他/她的家人造成经济压力和困难。

养老更像是一项超长周期的投资规划，直接关系着未来养老资金的实际储备量，因此，利率、通胀和投资风险都值得关注。另外，老年人容易被诈骗，守护老年财富安全是个人在养老财富储备中非常重要的一环。尤其现在处于老龄化、少子化，延迟退休政策已经落地，每个人对于养老金的规划势在必行。

那么，如何进行养老金规划呢？

1.设定退休目标。确定你希望的退休生活方式和水平，如旅行、娱乐、医疗费用等。估算退休后每月或每年的生活费用。

2.评估自己的财务状况。列出你的所有资产，包括房产、储蓄和投资等以及负责债（如贷款、欠款）等。分析收入和支出，了解目前的净储蓄率。计算养老金缺口，预测退休时需要的总资金，并考虑通货膨胀的影响。

3.制订储蓄计划。确定每月或每年可以储蓄的金额，以便填补养老金缺口。设定自动储蓄计划，确保资金定期存入养老金账户。

4.选择投资工具并及时调整。根据个人的风险承受能力和投资期限，选择适合的投资工具，如股票、债券、基金、房地产等。考虑分散投资，以降低风险，并且根据市场变化和个人情况调整投资策略和储蓄金额。随着年龄的增长和风险承受能力的变化，逐步调整投资组合。

5.政府养老和个人规划双管齐下。了解政府提供的养老金和社保制度，确定你是否符合领取条件。考虑购买商业养老保险或其他退休产品，以增加退休收入。如果需要，可以咨询财务规划师、投资顾问或保险经纪人，他们可以提供更具体的建议和策略。

第2节　你的财富掌控力是否及格

◆ **对潜在风险盲目乐观——人最大的风险是认为自己没有风险**

在困境时期，不要因为悲观而放弃前行的努力；在顺境时期，也不要因为盲目乐观而忽视潜在的风险，这才是做事与做人该有的正确节奏。但在现实中，人们很容易高估自己的能力和判断力，忽略潜在的风险和危险。

人们常常过于自信，认为自己能够掌控一切，而忽略了现实中可能存在的风险。这种心态可能会导致他们在决策时过于冒险，或者忽略一些必要的预防措施。

事实上，生活中充满了不确定性，风险无处不在。即使是经验丰富的人，也可能在某些情况下犯错或遭遇意外。因此，我们应该时刻保持警惕，意识到风险的存在，并采取必要的措施来预防和应对潜在的风险。

盲目乐观的人，往往看不到风险。比如，临毕业的时候，往往认为自己会比其他同学更可能找到好工作；工作了，他们总认为自己的能力比同事甚至领导要强，并相信自己会在短期内被提拔，领到高薪然后购买属于自己的房子和车子。高估自己的职业，不会未雨绸缪，总之，人最大的风险就是认为自己没有风险。

对个人财务潜在风险认知不足的人,往往会陷入"钱到用时方恨少"的状态。一般常见的不良财务习惯有哪些呢?

1. 超出能力的过度消费。虽然没有省下来的富翁,但盲目过度消费一定不可能成为富翁。尤其在没有获得第一桶金的时候,储蓄是必要的,不负债是必要的。即使收入可观的人,也可能因过度消费而无法留下足够的现金去做财务规划。过度消费会导致个人或家庭的负债增加,甚至陷入债务困境。信用卡、贷款等消费方式的利率较高,一旦无法偿还,债务会不断累积,严重时可能导致破产。

2. 没有计划做储蓄。有收入不等于有积蓄,有高收入的人也不一定有储蓄计划。往往认为自己赚得多反而容易过度消费。如果没有一个良好的储蓄计划,最终也会"竹篮打水一场空"。越早储蓄,越能受益,坚持储蓄往往能积少成多。

3. 迷恋赚快钱。有些人容易走向另一个极端,那就是赚快钱,投资方面容易激进和冒险,就特别容易陷入另一种风险,那就是"富贵险中求",不但没有得到回报,还有可能血本无归。

4. 没有尽早开始财务规划。无论是子女教育还是养老,无论是通胀还是疾病和意外,这些都需要建立在财富的基础上。财富就像罗马城,不是一夜之间建成的,越早开始个人财务规划,就越容易获得轻松与幸福。

除了上面这些不良的财务习惯之外,每个人一生中都会面临几大财务风险:

疾病风险。这是人们最常见的风险,疾病的潜在危机对我们的生活影响太大了,一旦发生,没钱人的家庭和自己的世界就会坍塌,有钱人也会缩水掉很多资产。

意外风险。意外会让整个家庭措手不及,有的意外甚至对于一个家庭来说是灭顶之灾。

债务风险。很多人贷款买房,在自己有能力赚钱的时候没问题,但如果突然收入中断,支出大于收入,在长期债务下不但自由没了,还可能会面临法拍房的风险。

养老风险。如果老了没有收入的保障,又不能工作,这个时候生活质量会大幅下降,如果没有确定的养老保险金,要如何守住财富江山,确保老年生活无忧呢?

挥霍风险。很多人有能力赚钱却无能力守财,如沾染上不良嗜好(赌博或吸毒),会让收入一夜之间归零,最终甚至会走向负债的这条路上。

婚姻风险。再好的婚姻也需要提前预防分道扬镳时的彼此清算。尤其在婚姻中一方遭遇另一方背叛的时候,一定会陷入离婚纠纷。婚姻的风险是每个人的,家庭中的弱势一方,一定要学会保护自己的婚姻财产,要预防婚变风险给自己造成人财两空的境地。

传承风险。财富不是一代人的,是要代代相传的。如果富不过三代,这就是一种传承风险。想要规避家族的资产外流,想要自己的资产能够一代一代延续下去,并且能够规避家族的财产纠纷,资产传承规划就成为很重要的风险规避手段。

生活中人人都不喜欢风险,但风险并不因为我们的乐观和不喜欢而不来临，没有资产配置的合理规划，在人生的下半场就会没有入场券。财富是水，会流动也会蒸发，会冻结也会消失，没有人会是它的真正主人。我们唯一要做的就是通过提前规划让我们自己待在水里。

◆ 收入来源单一，抗风险能力弱——主动收入与被动收入的思考

大部分员工收入来源单一，有的即使收入高，但需要交纳的个税也较多，且工资涨幅受到税收阶梯影响，导致工资增长的速度远远赶不上通货膨胀的速度。如果一个人的收入主要来源单一，如工资收入、单一的投资或生意，那么当这个来源出现问题或面临风险时，这个人就可能面临财务困境。

在收入方面，单一收入也可以视为主动收入和临时性收入，主动收入是用时间来换取金钱，它最大的特点是必须花费时间和精力才能获得。比如工资，我们只有工作才能赚取工资，不工作就没有收入。临时性收入，如送外卖、做家教等方式获得收入。这种主动性收入都是有限的，很容易变成"手停嘴停"的境地，只要不工作就没有收入。主动收入在劳动能力下降，外界形势发生重大变化后，这种稳定就会被打破。所以，收入来源单一而且属于主动收入的话，往往抗风险能力很低。

与主动收入相对应的是被动收入，简单理解就是不用工作也能有收入，如出租房屋的租金、定期存款获得的利息、出版书籍带来的版税等。那么，被动收入有哪些特征呢？

首先，被动收入不能占用人的太多精力；其次，风险不能太大，如股票就不能算被动收入；再次，它必须能够产生收益，最好是能够以现金的方式获得收益；最后，能够跑赢通胀。如果符合这个特征，并且投资的门槛不会太高，就属于合格的被动收入，一般常见的如国债、定期存款、储蓄保险、全款买下的房产收租以及每年派发股息的收息股等。

被动收入就像打造管道，需要先打造后收益。以出租房屋为例，如果在有钱的时候投资一、二线城市核心地段的房产，那么就能通过出租来获得高额的租金收入，这种收入会伴随着通胀以及城市产业和基础设施的发展而提升。因为被动收入的前提离不开资金成本，所以又体现出主动收入的重要性。用主动收入积累资金，然后积极打造被动收入管道。

主动收入能够保证我们基本的生活质量，我们要做的就是利用主动收入的盈余，不断地打造被动收入，让被动收入进一步扩大，直至构成收入黄金比例。以此来对抗单一收入面临的不能工作所带来的收入消失，进而扩大财富圈，一步步进展到财富自由。

主动收入和被动收入会给生活带来完全不一样的回报，主动收入是通过体力和时间去换取的收入，而不需要工作也能获得的收入是被动收入。被动收入会让我们生活得更加从容、淡定，而主动收入则让我们无法停下来，因为一旦停下来就没有办法挣到钱、没有办法获得生活资源、没有办法解决生活的衣食住行。当然，主动收入是我们生活所必需的，它为我们带来工作，带来与别人交往的机会，带来和社会资源连接的机会，它是我们构建被动收入的基础和基石。

◆ 消费的低级炫富和虚荣意识——人生"应付账款"与所对资产的价值

人一生中，虽然要赚钱，但更多的时候是在花钱。人生中有许许多多的"应付账款"，如贷款、医疗费用、子女教育、养老等。这些负债和责任可能会对个人的财务状况产生压力，需要个人提前规划和准备。

与"应付账款"相对应的资产价值，指的是个人为了应对未来的负债和责任而准备的资产，如储蓄、投资、保险等。这些资产的价值取决于多种因素，如市场环境、投资回报率、个人风险承受能力等。

为了确保个人未来的财务安全和稳定，建议提前规划并积累足够的资产，以应对未来的负债和责任。

大部分人是不具备财富掌控力的，或者是在应付账款方面不合格、不理智的。有些人容易陷入低级炫富和虚荣意识共同作用的提前消费陷阱里，使资产的价值大量缩水。

金钱是有生命的，无论金额多少，在使用它的时候都要想想它能否变成资产。

你是打算让它在你的手中生出更多的钱，还是换成东西放在你的身上消耗掉金钱的生命力，这是个值得思考的问题。财富的种子要靠一定的启动资金种下，没有启动资金，你的财富之路永远是无源之水，无本之木。

不同阶层的人，消费状态也不同。普通大众一般不会储存收入，也没有大额负债，生活看起来稳定，却没有较大的发展。赚多少花多少，手停口停是基本的生活状态。

中产阶层的消费状态是把收入用来支付负债。比如，很多人贷款买房买车，然后把工作的所有收入都用来偿还购买房子和车子的贷款。这种情况持续下去，家庭现金流会变得越来越脆弱，尤其是当经济形势出现波动，或者家庭突发巨额支出，如巨额医疗费用时，每个月的贷款就会变成压垮家庭的重担。

因为高阶层的富人他们的财富总量大，所以即使消费高于常人，也仅仅占财富总量的极小比例。富人的大比例财富支出是在钱生钱和钱生价值的基础之上的。钱生钱就是按一定的配比理财，通过购买国债、房产等方式打造被动收入；钱生价值就是将财富投入到发展人脉、提升认知和医疗保健等领域，以提升自身的整体情况。

提前消费是一种理性的消费方式，它并不等同于炫富或虚荣。然而，有些人可能会将提前消费作为炫耀财富和地位的方式，这种行为是不正确的。例如，过度追求奢侈品，有些人可能会为了追求名牌包、化妆品等奢侈品而进行提前消费，这可能会导致不必要的浪费和负债压力。盲目攀比，有些人可能会因为别人的消费水平更高而感到自卑，从而进行提前消费来提高自己的生活水平。这种

守住你的财富

做法可能会导致不必要的比较和心理负担。不合理的借贷，有些人可能会选择不合理的借贷方式（如校园贷、高利贷等）进行提前消费，这不仅可能导致高额的利息费用，还可能对个人信用记录造成影响。炫耀财富，有些人可能会在社交媒体或其他场合中展示自己的提前消费成果，以此来显示自己的财富和地位。这种做法可能会导致他人的误解和不必要的竞争。

理性的消费有时候能够让资产产生更大的价值。

1. 消费之前留钱给未来。不论赚多赚少，有收入的时候先储蓄再消费。一个攒钱的公式为：收入－储蓄＝支出。

2. 记录消费情况。如果没有记账的习惯，你花多少就会随心所欲，而记账能够清楚个人或家庭的重要花费，明确生活的底线与目标，也能更好地管理收支。

3. 不要迷恋各种贷款。自从有了信用卡、花呗、借呗等，一部分人会控制不住欲望，习惯于"享受"分期免息这种福利，持有多个信用卡，花钱的机会和欲望也就越来越大，积攒的透支款也就越来越多。因此，要关闭网贷，减少信用卡，不给盲目消费机会。

4. 不贪求大房子。无论租房还是买房，在条件不允许的情况下，最好选择小一些的。拥有大房子其实是追求虚荣心的表现，不要为了有可能闲置的空房间而拼命地积攒抵押贷款，更不能为了填充大空间而购买大量的家具和电器。这样会让人变成为房子打杂的"苦役"。

5. 不要盲目购物。不要因跟风促销季和打折节日买一些生活中不需要的东西。买生活所必需品,而不是跟风下单。

6.降低生活需求。人的欲望是无止境的,商家正是利用人性的这个弱点,激发你的购物欲望,掏空你的钱包。营销策略层出不穷,我们要修炼慧眼,也要修炼捂好自己的钱包,把钱花在能够让资产产生价值的"应付账款"上。

第3节 自查家庭财务状况,抵御未来风险

◆ 日子晴好时修屋顶——人生不同阶段,"屋顶"的设计也不同

因为生活中充满着不确定性和潜在的风险,所以需要自查家庭财务状况,并且在风险还没来的时候,提前规划。要真正做到日子晴好修屋顶,就需要根据人生不同阶段,来进行不同的设计。

首先要写下三个关键问题。

第一个:你的家庭每年能存多少钱?

第二个:如果家庭所有主动收入都没有了,家庭的现金和现金流能撑多久?

第三个:30年后,拿什么养活自己?

思考完这三个问题,是不是有了危机感?未来的风险在看不见的地方等着你,只有提前规划才能从容应对。

当天气晴朗时,修缮屋顶是个好时机,可以预防未来的问题。同样地,在财务方面,定期自查家庭财务状况也是非常重要的,

这可以帮助你及时发现和解决潜在问题，确保家庭的财务安全和稳定。

人生不同阶段所面临的经济状况和需求不同，制订的财务计划和目标也不同：

青年阶段。也可以称为财富的准备阶段，这个阶段主要是刚刚工作没有多久的年轻朋友，需要修的"屋顶"是储备一定的本金。最适合的是储蓄和投资，要开始建立储蓄习惯，投资于自我提升或学习有效的理财知识，要有保险规划，考虑购买适合的保险，如医疗保险、意外险等。这个阶段要控制债务，尽量减少不必要的债务，如信用卡、网贷等。该阶段应该拼尽全力在自己的主业上有所作为，这个阶段的关键词是"学习、积累、摸索"。

家庭形成阶段。处于这个阶段的人属于财富质变阶段，大部分人有了一定的积蓄，并根据家庭需求和财务状况，制订了购房计划。为子女的未来教育建立基金，在风险可承受范围内，增加投资以实现资产增值。这个阶段是财富质变阶段，也是人生中比较辛苦的阶段，既要兼顾好主业，又要选好时机，谋而后动。

中年阶段。这个阶段可以用"稳健"一词来形容，已经开始步入钱生钱的阶段，大部分人要开始规划退休生活。确保合理规划税务，减少不必要的税务负担。优化债务结构，降低债务成本。该阶段实际上更多的是与自己交战，不能轻易犯大错误。

退休阶段。该阶段要实现的是财富自由，这个时候财富快速增长的必要性和迫切性已经不大，更重要的是规避风险，而不是一味追逐机会。要开始进行资产配置,调整投资组合,以低风险、稳定收益为主。定期审查退休计划,确保与经济环境和个人需求相匹配。考虑遗产规划,确保财产顺利传承给下一代。资产要进行分散,要在好好享受生活的同时保持对投资机会的敏感性。

遗产阶段。制订遗产分配计划,确保家庭成员的经济安全。考虑进行慈善捐赠,回馈社会。了解相关税务法规,确保合理处理遗产税等问题。

总之,在人生旅程中,年轻是最大的资本。年轻时要优先提升自己,此时投资自己带来的回报可能要远比投资股票基金带来的回报要高。人到中年,收入达到巅峰,把家庭财富做好资产配置,跑赢通货膨胀。晚年的资产配置,更偏稳健和传承,让自己和家庭的幸福生活更长久。

◆ **为财富做全面检查制定规划——做好家庭财富的风险排查与实时跟踪**

财富的流动基本逻辑是获取、使用和传承。因为无论哪个环节,都有可能面临财富流失的风险,所以做好家庭财富风险排查与实时跟踪是非常重要的,这有助于确保家庭财务的安全和稳定。

风险分为基础风险、中端风险和高端风险。基础风险包括家庭财富的中断与外流,产生风险的因素有重疾、意外、身故、医疗等。中端风险一般是支出性风险,满足阶段性开始的需求与愿望,风险产生的因素有子女教育、子女财富支持、养老、阶段大额开支。高端风险一般是解决财富私人保有及定向传承的财务问题，其因素有合理节税、婚变、资产隔离、财富定向传承。

家庭财富犹如一个蓄水池，有水源流入，就是收入，但它会因为各种原因如生病、意外身故等中断。蓄水池也会有出水口，即家庭的各类支出，如教育支出、养老支出、自我提升的学习支出、旅游支出等，这些会随着时间推移而逐渐增加。

全面检查家庭财富风险意在及时堵住蓄水池的缺口，多增加流入性水源。普通家庭的收入和损失可以归为损失性风险，一种收入中断，意外损失费用造成的风险。日常支出和投资可归为支出性风险，属于计划性的长期支出风险。因为一个富裕家庭或高净值家庭会有将钱传给下一代的需求，所以对于财富的保护隔离和指定传承就属于所有性风险，普通家庭一般不会出现这个风险。

这三类风险涵盖了所有家庭的风险情况。那么解决这些风险有什么顺序呢？

1. 财富创造期，一般是24~40周岁这个阶段，获取人生第一桶金，原始财富开始倍增，这个时候往往面临的风险是损失性风险。比如极端情况下，发生意外伤残和重疾等，虽然家庭成员有稳定的工作，但面对高昂的医药费用，仍旧很吃力。尤其普通家庭往往会"因病致贫"，这时候需要加强应对损失性风险的能力，如多拓宽一些工作渠道，增加收入，或者提前储蓄积累财富。

2. 财富使用期，一般是41~55岁这个阶段，开始使用和锁定已赚取的财富。一般会面临很多计划性的风险支出，也就是支出性的风险,如孩子的教育支出,自我提升和旅游支出,养老支出。这些都是长期支出,应对这些风险需要资本的合理配置和投资增值。

3. 财富传承期,一般是 56 岁以上,净资产大于 30 倍的年支出,希望将财富传递给子孙后代。这个时期会面临所有性风险,需重点安排好顶层风险的解决方案,防止企业破产、意外身故、婚变等造成财富外流。

对于家庭资产管理与传承,我们服务过一位高净值人士,案例如下。

客户 WW 31 岁,独生子,父母在成都生活,无家族企业。身体健康无重大基础疾病,事业心强且有足够的风险意识,离异状态,孩子由前妻抚养,自己给付抚养费,工作在南京和合肥。目前在零重力 eVTOL 行业担任高管及第二股东。WW 家庭资产结构主要为现金及金融资产,WW 持有少量现金约 100 万元;父母现金资产约 400 万元,合计 500 万元。

房产,4 处房产在成都,3 套在母亲名下,1 套在自己名下,其中 1 套贷款尚未还完,购买时总价值 900 万元,合计 1400 万元。

固定资产,4 辆汽车总值 200 万元,1 架 DA42 四座双桨私人飞机 800 万元,贷款约 500 万元,合计 500 万元。

股权,目前两家公司股权分别为 9000 万元及 100 万元,未来将收购另一家公司价值 700 万元,合计 9800 万元。

总共资产约 12200 万元。

守住你的财富

该用户的资产管理状态为母亲用400万元做了保守储蓄，除此之外，绝大部分的家族资产为固定资产、不动产和企业股权，非金融类资产的占比较大；该类型资产变现能力弱，流动性较低。用户认为具有保值增值资产为企业股权、私人飞机和房产。

根据用户的家庭资产我们为其做了资产面临的风险及挑战点分析：

资产保全风险。①债务风险，一套房产贷款+私人飞机贷款，虽还款紧迫性不高，但债务风险尚在，这一点应当小心。②对赌协议，母公司无对赌协议，故此项债务不存在。未来收购计划需根据实际情况进行详细分析和规划。③家庭成员无其他债务和担保情况，故此项风险不存在。

婚姻风险。①WW与前妻关系良好，共同抚养孩子，未来5年内没有复婚或再婚打算，但可以提前准备好婚前财产的保全计划。②WW父母婚姻稳定，不存在离婚风险带来的资产分割的风险。

人身风险。WW作为创富者也是家庭保护者，作为独生子女正处于上有老下有小的家庭责任关键期，人身风险需要予以重视。母亲名下代持资产较多，存在逆继承风险，故母亲名下的资产保全需要合理规划。父母健在的情况下，母亲单人代持的资产属于夫妻共同财产，父母双方的人身风险都应该做到细致地规划和保全。

税务风险。WW没有家族企业，税务风险较低，仅存在于公司股权对股东的分红部分和在"金税四期"下的企业股权交易税赋等，未来若母亲将代持的房产转移至WW名下，需要注意房产税风险。

法律风险。WW及家人遵纪守法，且无灰色收入，无法律风险。

代持风险。母亲代持股份在家庭资产占比大，未来仍有增值空间，母亲（及父亲）的人身风险需要给予重视。

针对WW的具体情况，我们认为，用户首先需要快速建立风险隔离架构，如本人人身风险的隔离、家庭成员人身风险的隔离、代持问题的风险隔离、婚前财产的风险隔离、税务风险的排查与隔离。其次在保值增值方面，需要改善的领域较多，需要实施人身价值的保护。再次父母的资金量比较大，管理资产的方式在安全的前提下，建议调整为专业管理方式，确保更好的收益。最后在合理使用资产方面，先保障家人和孩子的幸福生活，然后合理规划资产的管理和使用方式，调整给予父母大额资金的方式，以免老人意识和认知不足带来风险。保障孩子和前妻及其家庭生活的稳定性，提升在孩子成长上的影响力。

基于上述分析和总结，我们给WW两个建议：

其一是聘请有资质的公司为其常年家族资产管理的私人顾问，对资产的风险管理和增值方面提供分析和建议，每年为WW进行全面风险诊断，对资产保全、增值、合理使用、传承等方面提出管理建议，并出具年度分析报告。应WW需求对其感兴趣的投资产品进行风险分析并提供专业意见。

其二是建议WW着手解决目前家族资产管理状态中的关键风险点，并委托资产管理顾问提供完整的解决方案设计和执行服务。资产保全方面WW及家庭成员人身风险及企业资产控制的保全，债务对赌风险的隔离架构设计与落地，婚前财产的风险隔离架构设计与落地。保值增值方面WW企业分红的税务筹划、WW家庭成员的人力资本价值的保护。

根据WW的委托，我们为其出具保险金信托2.0方案架构和家族信托的资产综合管理方案定制。以使其做好家庭财富的风险排查与实时架构。

在风险排查与转移中，有几点注意事项。

第一，风险本身具备很大的不确定性，家庭财富风险的防范就是将有可能发生的风险，有针对性、有效性地进行转移。

第二，有一些理财工具如保险、基金等可以作为风险转移工具，进行动态调整，持续优化。

第三，做家庭财富风险规划时，一定要先梳理已有的家庭保障，给已有的保障做检视，补足而非高配。

◆ **警惕资产的流失、贬值和分割——财富保全、保值增值与资产隔离是基础**

目前，我国涌现出了一部分高净值人群，未来几年该群体还将高速扩大。对于这些拥有大量财富的人来说，财产的保全、增值与隔离就成了刚性需求。

《福布斯—友邦中国高净值人群寿险市场白皮书》显示，我国高净值人群平均年龄为43岁，企业主占比最高，大多有海外如房产、金融公司和信托基金等。他们在规划自己财富时，考虑最多的是如何将资产做有效隔离，而不使财富缩水。

在财富增值基础上，保全和隔离成为高净值人群的核心需求。资产隔离的目的是将家庭资产和企业资产、个人资产进行区分，以避免不必要的风险和纠纷。在财务处理上要保持企业资金和财产的独立性，避免企业资金与家庭资金混用，以及以企业财产为家庭债务进行担保等情况。同时，在家庭成员之间也要明确财产权益关系，避免未来可能的纠纷。

在财产保全和隔离方面常见哪些问题呢？

1. 公私要分明。不少高净值人士由于有企业，容易导致公私不分。公司资产与个人资产的混淆不分，会导致企业主为公司所累，容易出现"企业歇业，家里歇菜"的情况。因此，要把企业和个人资产提前做一个严格区分，也可以通过一些必要的理财工具做金融防火墙。

2. 婚姻中的个人资产保护。夫妻之间的资产分配会随着离婚率的提高而获得关注，尤其中国先富一代的子女目前普遍到了结婚生子的年龄，如何保证子女的美满婚姻不会因钱而生出额外的烦恼，这就涉及婚前财产保护和婚后财产信托。

婚姻财产信托是一种金融工具，可以帮助夫妻或未婚伴侣规划和管理他们的财产，以确保在婚姻或伴侣关系期间以及之后，财产权益得到保护。特别是在离婚或伴侣关系结束时，通过信托，可以避免财产被分割或者因为其他原因而损失财产。

3. 财富按照意愿进行传承。很多高净值人士普遍重视的是如何将自己积攒一生的财富按照自己的意愿传承下去。传统的方式是使用生前遗嘱、司法公证或赠与协议。目前有一种传承工具是信托，无论是股权、房产、现金还是保险等，都可以委托信托机构进行隔离。信托作为联结受托人、受益人、保护人和创立人的媒介与桥梁，能够通过积极推动信托关系，并通过信托结构化，满足各种特殊信托的情形和参与人的需求。

无论是企业经营的资产隔离还是婚姻经营中的资产保护，抑或是未来资产如何进行传承的分配问题，对于财产的保全和隔离，信托和保险都已经成为不少人重视和选择的途径。

第四章
负债管理：学会负债，理解负债，应用负债

第1节　善用良性负债能促进财富增长

◆ 分清良性负债和恶性负债

负债是一个老生常谈的金融话题，在生活中难免会出现或大或小的负债。提到负债人们就会想到欠钱，认为只要欠了钱就很难有财富上的增值。其实，负债分两种：一种是良性负债，另一种是恶性负债。

良性负债：是一种可以利用债务优化的投资结构，能让你的资产得到增值的负债。简单来说，良性负债可以为你带来更多的收入。例如，如果你需要创业但目前资金不足，向银行借款10万元，如果创业项目每天的利润超过借款成本，那么这笔借款就属于良性负债，因为它为你带来了更多的收入。例如，一套房子价值300万元，全款需要攒10年才能买得起，但如果通过3年时间攒100万元首付，并向银行贷款200万元买下它，我们就使用了良性负债，

并用杠杆抵御了通货膨胀。不过,良性负债虽然可以帮助我们赚更多钱,但是在加杠杆之前,我们一定要清楚自己构建的负债是否为良性,走的这条财务自由之路是否合理,只有正向加速才会得到倍增的效果。

再比如车贷,如果买车能给工作和生活带来便利,又不会给家庭财政状况带来不良影响,贷款买辆车这样的消费贷也属于良性负债。再比如贷款报了一个培训班,学完之后能升职、加薪、身体素质提高、考上某个单位、考取证书等,增加未来现金流,这些都是良性负债。

助学贷款也属于良性负债的一种。很多家境不好的学生都知道助学贷款,它的出现的确帮助了很多家境不好的学生实现大学梦。这对于家庭来说既减轻了压力,又能让孩子提高学历,提高认知,提升能力。对于当今社会学历也是一个门槛,有了学历找工作也会更便捷。而且助学贷款没有利息,在毕业之后再还,这个时候学生已经有了工作有了收入,每月偿还这笔良性负债,也没有太大的压力了。

恶性负债:不能带给自己任何增值,且远远超过自己的还款能力,入不敷出,会逐渐让你陷入万劫不复的困境。例如,一些人掉入消费主义的陷阱,通过信用卡、花呗、京东白条等不节制地透支消费,不能按时还款,面临逾期起诉风险,还会产生高额利息违约金,这就是恶性负债。现在很多人掉入了消费主义的陷阱,产生了很多不良消费贷,透支买远远超出自己经济能力的奢侈品。还有一种更为严重的恶性负债则是赌债,这种债轻则倾家荡产,重则会带来破坏家庭甚至有生命危险,要及时远离。最近几年很多企业家看到了身边很多互联网App就可以申请贷款,于是在资金紧张的时候就点了一下,就借了网贷,殊不知,他们的利息是一般银行的好几倍,还款还要等额本息,当然企业家说这个钱是用来挣钱的,如果仔细算算,你会发现的,你的利润都被利息吃掉了,那样的生意做得还有意义吗?企业存在的意义是晚点破产还是发展?我想一些做生意的人应该好好想一想了,是人性的虚荣还是虚伪在左右你呢?

负债并不是万恶之源,关键在于看负债的目的。如果是投资型的目的,通常是用于购买优质资产,让钱赚更多钱,这是一种良性的负债。如果负债的目的是消费,花费超出自己所处的阶层,用透支金钱来换取欲望之上的生活,而且持续带来更多的负债,并需要投入大量的时间和精力来弥补债务造成的财富侵蚀,就是恶性债务。

所以,面对不得已的负债,我们要做的是避免恶性负债,并利用良性负债撬动更多的财富。

◆ **让良性负债为财富增值服务**

既然知道了良性负债能够带来资产的增值,那么如何拥有良性负债呢?良性负债的目的是实现财务增值或解决生活中的问题,如购买房产、支付教育费用,再比如有些企业主要做生意,需要用银行贷款来购买生产设备或原材料。在负债前,要明确负债的目的和意义，确保负债是能够带来正向循环的，并且要充分了解自己的还款能力，确保自己有足够的收入来按时偿还负债，避免因还款压力导致财务状况恶化。不同的负债方式有不同的利率、期限等，选择合适的负债方式有助于降低负债成本和风险。要合理利用负债资源来实现财务增值。比如，利用房屋贷款购买房产，通过合理投资实现资产的增值。

良性负债就是负债带来的收入大于负债利息支出的负债。如银行借给你100万元，贷款利息是5%，那每年利息就是5万元，如果借助这100万元每年多挣了50万元，但只需要支付5万元利息，收入远远大于支出，这就是良性负债带来的财富积累。

因此，如果一个人想变得富有，需要知道怎样支配良性债务，还要敬畏债务的力量，掌握如何驾驭债务。

例如，王某在国企上班，每月有稳定的工资收入。为了更好地进行投资理财，他根据自身的偿债能力办理了一张每月免息额度为4000元的信用卡，每月初借取4000元，月末发工资后及时偿还。这样，他相当于多了一笔4000元的流动资金可用于投资理财，而且这笔资金不需要任何利息就可以使用。他通过巧妙地利用良性债务来为自己的财富增值。

当然，任何负债都是要还的，对于良性负债还是要有充足的准备。

1. 对负债绝对负责。比如，这个负债不能影响到家庭，尤其是个人出了事情，不能对家庭形成致命的打击，如果个人负债，可以给自己买足够的保险，以应对不确定的风险。

2. 规划还债时间。每一项负债，都有期限。如投资性房产规划是3~5年卖出，到时负债就清空，银行欠款要根据经济情况决定是否归还。

3. 计算家庭现金流。要提前计算3年内的经济状况和现金流，考虑会不会中断还债利息。

4. 过度负债不可取。不要负债过重，由于背负重债使资金流动性变差，一直不能清偿本息，那么就无法保证债务链的持续。一旦失业或遇到紧急用钱的情况，将会非常危险。

◆ 对财富激进的人不怕欠债

中国人怕欠债，以欠债为耻，总觉得欠着债心里不踏实，多数人甚至追求"无债一身轻"。但大部分高净值人士的财富积累，无不是靠着借债周转，并最后把财富的雪球滚大。因为这些富人拥有更多的资产和资源，有能力去应对债务，即使欠了巨额债务，仍然有其他资产可以用来偿还，不用担心债务问题。同时，越是能欠债的人，越是拥有更高信用评价和信用额度，这使得他们非常容易获得贷款和融资，能够利用更多的杠杆效应。富人通常会聘请专业的财务顾问来帮助他们管理债务和资产，这些顾问会为他们制订最佳的财务计划，以确保他们的财务状况始终保持良好。他们会进行多元化投资组合，这意味着即使某些投资失败了，他们还有其他投资可以获得回报，从而弥补损失。

对于激进的人来说,"债"左边是一个人,右边是责任的责。事实上,债是一种敢于对未来负责的行为。

普通人积累财富的轨迹是:努力工作—挣工资—消费—储蓄,拼命挣钱,然后让钱躺在银行里面,挣微薄的利息。富人的财富轨迹是:努力工作—挣工资—想办法借钱—投资赚钱—钱生更多的钱,用别人的钱、银行的钱为自己服务,最终实现财富自由。

在激进者的眼中,债务是抵御通胀的一种手段。当通胀发生时,货币的购买力下降,如果持有大量的现金,那么这些现金的价值就会不断缩水。相反,如果将这些现金转化为债务,那么虽然需要支付利息,但是债务的价值是固定的,不会因为通胀而缩水。因此,富人们会通过负债来抵御通胀。

例如,被称为"世界首负"的日本商人孙正义,负债1.1万亿元,每天需要偿还的利息超过2亿元。作为一名企业家,他不仅做投资,还经营企业,虽然欠债无数,但他依然成为世界富豪排行榜上的一位杰出人物。

当然,富人之所以能够采用激进的方式使用负债来抵御通胀,是因为他们有足够的财务知识和经验。对于普通人来说,保守和理性永远是正确的。如果你也想通过负债来达到保护财产不受通胀侵蚀的话,身边要有一个激进的人,一个懂市场规律和财富法则的人,你要向这些激进的人学习。

由于资源、知识、心理、社会和法律等方面的限制,普通人在应对债务问题时面临更多的困难和挑战。为了改善这种情况,需要从多个方面入手，包括提高个人的财务知识和风险管理能力、提供更多的金融服务和社会支持、改善教育和培训机会等。

真正的负债不是盲目欠债，而是懂欠债，能够用别人的钱，赚到自己的被动收入。负债跟消费无关，而是和投资以及购买资产相关，这是善用良性负债的一个根本认知。不要只考虑负债利率，还要多一些计算，判定可以把钱放进口袋的是良性资产，都是值得为之拼搏努力的，不要太害怕负债，自己能力范围内的负债，自己可以掌控的负债，应多多益善。

第2节　学会用杠杆撬动财富

◆ OPM 杠杆：整合资源为己所用

古希腊科学家阿基米德有这样一句名言："假如给我一个支点，我能撬动整个地球！"这句话有着严格的科学根据，就是运用几何学通过严密的逻辑论证，得出的杠杆原理。

OPM 杠杆，全称 Other People's Money，是一种通过整合他人资源来实现自己目标的策略。这种策略在商业和金融领域中得到了广泛应用。

通过 OPM 杠杆，个人或组织可以利用他人的资金、资产或能力来实现自己的目标。这种策略通常涉及借力他人的资源，如金钱、时间、智慧等，以达到自己的目的。例如，许多初创公司会利用风险投资人的资金来扩大业务规模，这就是一种OPM杠杆的例子。

简单理解OPM，就是杠杆别人的钱，让别人的钱为你所用，创造良性负债，摒弃掉不良的债务。

以房地产为例，一个人首付了100万元，买了价值400万元的房子，剩下的300万元分期30年偿还，一年要偿还10万元，相当于一个月大概要偿还8000多元贷款。如果这个人能够把房子出租，每月租金超过8000元，非但不用自己工作去偿还剩下的300万元，还只用了100万元，就提前拥有了一套400万元的房子，这就是OPM杠杆原理。

再举个例子，我们买入一只基金100万元，一年后，该基金总市值120万元，则投资报酬率就是20%，若这100万元本金中，只有50万元是自己的，剩余的50万元是借来的，其贷款年利率为4.9%。那么一年后，投资者需偿还2.45万元利息。扣除利息后，实际获利17.55万元，在这个时候投资回报率就不是20%，而是17.55/50=35.1%。

当然，利用杠杆可以加大利润，也会扩大亏损，这个需要一定的经验和能力，才能去实现加大杠杆的理财和投资操作。

要成功运用OPM杠杆，需要具备一定的条件。首先，个人或组织必须具备一定的影响力或能力，以便吸引他人的资源。其次，必须具备清晰的目标和战略，知道如何将这些资源整合到自己的计划中。最后，需要具备管理和运营这些资源的能力，以确保其产生最大的价值。

OPM可以分为三大类，分别是：无息OPM，这种多多益善。一般无息OPM多来自亲朋好友的借款和免息期内的信用卡消费贷。亲朋好友的借款需要人情在前，借钱在后，并且只能用来偶尔救急，平日应尽量别借；免息期内的信用卡消费贷需要按时还款。低息OPM，量力而借。低息OPM常见的是公积金贷款、商业贷款和组织型（公积金+商业）贷款。中高息OPM，谨慎使用。

虽然OPM杠杆是一种有效的策略，但它也具有一定的风险。投资如果赚钱，就能让你收益翻番，如果亏钱，也能让你损失翻番。过度依赖他人的资源可能会导致失去自主性和控制权。因此，在使用OPM杠杆时，需要仔细权衡利弊，并确保不会对自己的长期发展造成负面影响。在使用OPM杠杆时，必须满足大三条件：两者有稳定的利率差；拟投资的项目价值稳定，不会忽上忽下；家庭总的月负债支出/月收入，不超过40%。

◆ OPT杠杆：借用时间达成目标

财富的积累第一需要借助金钱，第二需要借助时间。如果说OPM是借助别人的资金来达成自己的财富，那么OPT则是用别人的时间达成自己的目标。

OPT杠杆，全称Other People's Time，是一种通过利用他人时间来实现自己目标的策略。这种策略在各种领域中都有应用，包括商业、个人发展等。

与 OPM 杠杆不同，OPT 杠杆更侧重于利用他人的时间而不是金钱。通过借力他人的时间，个人或组织可以更高效地完成任务或实现目标。例如，一些公司会聘请专业人士来帮助他们完成特定的工作任务，这些专业人士通常具有丰富的经验和技能，能够快速、准确地完成任务，从而达到节约时间、提高效率的目的。

比如，有人把自己的房子租出去赚租金，自己天天住酒店，不用操心做饭，电费水费等。任何东西都不用关心，省出了很多时间去沉淀自己，学习和思考，并做进一步的投资规划。

再如，企业有时会将某些非核心业务外包给专业公司，以便集中精力专注于自己的核心业务。通过外包，企业可以利用外部公司的资源和技术来完成特定的任务，同时减少自己的人员和成本支出。

富人都很懂得去操作"财富杠杆"，来让自己付出的劳动力时间越来越少的同时，赚更多的钱。很多企业聘请别人来替自己工作，就是买别人的时间来创造财富杠杆。

时间杠杆就是用别人的时间办自己的事。一般包括企业老板、雇主、团队主管。这些人自己的时间一般能够得到充分运用，本身也是很勤奋的人，他们借用了别人时间，是为了用自己的时间来做更大更远的目标，而这就是时间杠杆的体现。

普通人也可以通过 OPT 时间杠杆来达成自己的目标。例如：

1. 外包任务。将一些琐碎或重复的任务外包出去，如数据分析、文件整理、数据输入等。通过这种方式，可以将这些时间密集型的任务交给专业人士，而自己则可以将时间用于更重要的工作或生活目标。

2. 利用工具和软件。现在有很多工具和软件可以帮助我们提高工作效率，如日程管理工具、自动化软件等。通过使用这些工具，我们可以更有效地管理自己的时间，减少无谓的时间浪费。

3. 聘请专业人士。如果需要完成一些专业性的任务，如编程、设计、写作等，可以聘请相关专业人士来帮助自己。这样不仅可以获得高质量的工作成果，还可以将自己的时间用于更重要的任务上。

4. 学会拒绝。有时候，我们无法避免一些不必要的会议、活动或任务。在这种情况下，要学会拒绝或委婉拒绝，以节省自己的时间。

5. 制订优先级和计划。制订明确的工作计划和优先级，可以帮助我们更好地管理时间，避免将时间浪费在一些不重要的事情上。

◆ OPW 杠杆：用好别人的智慧为自己服务

OPW 杠杆，全称 Other People's Wealth，是一种通过利用他人财富来实现自己目标的策略。这种策略通常涉及借力他人的资金、资产或其他财富资源，以增加自己的财富或实现其他经济目标。

任何一个行业想要入门，没有 5~10 个月的时间是完不成的。这时最聪明的办法就是借力——大胆使用别人已经取得的智慧和成果，汲取已经成功的前人的智慧至关重要，尤其是别人的商业思维和理财之道，为己所用往往能少走弯路。

比如，咨询公司就是 OPW 杠杆的典型应用者。他们拥有专业的知识和经验，为客户提供各种咨询服务。通过利用咨询公司的智慧和经验，企业可以获得专业的建议和解决方案，帮助自己解决业务问题并实现业务增长。咨询公司通过收取咨询费用来获得回报，而企业则可以利用咨询公司的智慧来提高自己的业务水平。

合作项目是另一种利用 OPW 杠杆的方式。通过与其他企业或组织合作，可以利用他们的智慧和资源来完成自己的项目或实现自己的目标。例如，某家公司需要开发一款新产品，但他们缺乏相关技术和研发资源。于是，他们与其他拥有相关技术的公司合作，共同开发新产品。通过合作，公司利用了其他公司的技术和资源，节省了自己的研发成本，提高了效率。最终，双方通过分享市场份额和利润实现了共赢。

所以，要想做更大的事，产生更大的成就，就必然要借助杠杆的力量。OPW 杠杆可以帮助个人或组织实现资源共享，借助他人的资金、资产或其他财富资源，能扩大自己的业务范围和规模。通过资源共享，可以降低成本、提高效率，进一步增强自身的竞争力。OPW 杠杆可以帮助个人或组织分散投资风险。通过与其他投资者合作，可以降低单一投资的风险，实现风险的合理分摊。通过 OPW 杠杆，个人或组织可以提高资金的使用效率。在市场环境下，资金的流动性非常重要，通过合理的资源配置和利用他人的财富资源，可以更好地实现资金的快速周转和增值。

由于 OPW 杠杆涉及利用他人的财富资源，因此需要承担相应的风险。如果对市场趋势和风险评估不足，可能会导致投资失败或亏损，进而影响自己的财务状况。在利用 OPW 杠杆的过程中，需要与他人合作，建立互信关系。然而，合作过程中可能会出现沟通不畅、目标不一致、利益分配不均等问题，导致合作关系破裂或产生矛盾。在利用 OPW 杠杆的过程中，需要注意法律与合规问题。如果不熟悉相关法律法规或监管要求，可能会触犯法律或受到监管处罚，进而影响自己的声誉和财务状况。

第3节　不要让恶性负债吃掉财富的种子

◆ 警惕消费型负债黑洞

消费型负债主要是为了满足个人或家庭的日常消费需求而产生的债务，如购买房产、汽车、电器、家具等消费品，以及旅游、教育、医疗等方面的支出。这些负债通常是短期或中期的贷款，利率相对较低，还款期限较短。

消费型负债的来源可以是银行、信用卡公司、消费金融公司等金融机构，也可以是电商平台、线下零售商等商家提供的分期付款服务。

在消费型负债中，个人或家庭需要评估自己的还款能力，以确保能够按时还款，避免产生逾期和信用记录受损的情况。同时，还需要注意利率和收费标准，确保借贷成本在自己的经济承受能力之内。

目前大家熟知并使用的消费型负债多数是信用卡，有些银行和商家联合推出一些商品，信用卡用户可以分期购买，这种销售方式促使更多人加入了消费型负债的行列。

消费型负债很容易转化成恶性负债，过度消费或不合理的借贷行为导致的债务问题，会对个人或家庭的财务状况造成负面影响。比如，信用卡滥用不能按时还款，产生高额利息和罚款、不合理的借贷安排导致债务问题复杂、超过月收入30%的循环负债、信用卡腾挪"拆东墙补西墙"等。

消费型负债多数是非理性造成的虚荣消费、超前消费，通过透支信用，靠办信用卡、办贷款、办网贷生活，而以贷养贷会导致自己负债累累，最终会为了面子和炫耀而付出很大的代价。例如，大到高档豪车、小到一件最时尚的新款高档衣服等，为了这些所谓的"身份象征"，有些人背负了很多债务，甚至有的最后因欠债逾期成了黑户。

无论什么类型的消费，如果调查研究一下陷入消费型负债黑洞的人，无一例外都是传统商业意义下消费者花钱、商家赚钱的消费方式。商家的大肆宣传，消费者的不理性和不节制，最终碰撞的结果就是消费者买了很多原本不需要的东西，花了原本不用花的钱，当消费支出超过自己的能力范围之外时，就开始透支信用卡，甚至网贷。

一旦陷入消费型负债的黑洞，短期内会很难积累资金，对于财富体系的构建更遥不可及。要知道"会消费才会赚钱"可能是个谎言。

想知道自己是不是属于消费型负债，可以查查每个月信用卡账单，再看看自己的白条和花呗欠了多少钱，回头再看看有没有因为买东西欠了父母、朋友、同学、亲戚的钱。一笔一笔计算，答案就会一清二楚。

当你禁不起消费广告的诱惑时，要想想以下这些问题：

如果收入没有办法承担，这些消费怎么办？

拥有物品就是对自己最好的投资吗？你买的东西回报在哪里？

打折购物真的帮你赚到钱了吗？

限量包包、名牌手表、时尚服装为你提升职场竞争力了吗？

只要你想清楚这些问题，就会发现真正陷入消费型负债的人，往往都是"穷人思维"，是只管眼下不想未来的盲目型生活状态。所以，要警惕消费型负债，不要把自己变成一个天天蹬着轮子转的小仓鼠，怎么蹬都跳不出负债生活。

◆ 远离信用分期和高利贷

在影视作品中经常看到因为借高利贷还不上被追杀的故事。现实中，高利贷和信用分期也无处不在。高利贷，可能是民间借贷，也可能是一些不正规的小贷公司的贷款。高利贷有两个明显的特征：一是审核松、放贷快；二是利率高，一旦还不上，利滚利起来就非常可怕。

借高利贷的负面案例有很多，例如：

赌博案例。某人在高利贷的压力下开始赌博，最终不仅没有还清债务，反而越陷越深，家庭破裂，失去了所有财产。

骗局案例。有人被高利贷骗局欺骗，不仅没有得到借款合同中约定的金额，反而被收取了高额的利息和费用，导致经济状况更加恶化。

非法活动案例。有人因为借高利贷还不上而被迫从事非法活动，如贩毒、盗窃等，最终不仅没有还清债务，反而陷入了犯罪的深渊。

自杀案例。一些人因为无法承受高利贷的压力而选择自杀，给家庭和社会带来了巨大的悲痛和负担。

一旦陷入高利贷无法偿还的境地，催收的人有的是办法让你还款，直到你倾家荡产，甚至极端案例中也有家破人亡的情况发生。高利贷背后有一整套催收程序，其中包含很多极端违法的手段，背上高利贷等于让自己坠入深渊。

除了高利贷，对于各种信用分期也要尽量远离，这些信用工具多数对财富积累没有帮助。各种"呗"，各种"条"，各种"贷"，让分期还款变成了常态。比如，一部手机8000元，如果用现金购买的话，会使很多人望而止步，但如果分成12个月还款，一个月只要700元左右，就给很多人造成一个还款无压力的假象，于是会让人忍不住分期购买。

分期手续费看起来也不是很高，如三个月的分期手续费率是

2.5%。但实际上，真实的分期手续费率非常高，如果把这些分期手续费率换算成年化利率的话，普遍在 15% 左右。分期的最大陷阱在于，尽管你每个月都在偿还本金，欠债越来越少，但需要支付的利息却始终不变。这一点不但坑人，还具备很大的欺骗性，如果不仔细计算，不太容易发现其中的玄机。

假设你欠了 12 万元分期一年 12 期还款。按照常理，第一个月你需要偿还 1 万元的本金加上 12 万元所产生的利息。然而从第二个月开始，你只需偿还 1 万元本金加上 11 万元所产生的利息，因为你已经偿还了 1 万元本金。但实际上，无论哪一月，你都需要支付最高利息。即使在最后一个月，你只欠了 1 万元，但仍需支付 12 万元本金所产生的利息。最后一个月的年化利息甚至高达百分之一百多，比这个世界上最夸张的高利贷还要高。

信用分期和高利贷常常伴随着高额的利息和费用，这就使得债务像滚雪球一样越滚越大，最终导致个人或家庭无法承受。

不是说所有的信用卡都不能使用，作为智力正常的成年人，要明白无论借了什么钱都是需要偿还的，使用分期信用工具进行消费，一定不能超过你的存款。只有这样你才不会感到还款压力巨大，同时还能让自己的钱持续产生利息。

◆ **不当月光族、啃老族**

现在很多年轻人在生活上基本是"月光族"，每个月挣多少花多少，这已经成为一种常见的现象。

月光族通常是指那些每月收入全部或几乎全部用于消费，没有或几乎没有储蓄的人。这种现象通常发生在年轻人中，他们可能追求高生活品质，或者受到信用卡和其他借贷工具的便利性的吸引，导致每月的收入几乎全部用于消费。这种生活方式可能会带来短期的快乐，但长期来看，缺乏储蓄可能会让他们在面对紧急情况或未来规划时感到困难。

相比之下，啃老族是指那些依赖父母的经济支持来生活的人。这可能是由于他们没有足够的收入，或者他们的收入不足以满足他们的生活需求。啃老族可能会推迟独立生活，依赖父母的经济支持来支付生活费用。这种现象可能会导致个人缺乏独立性和自主性，同时也给父母带来了经济压力。

月光族和啃老族的现象有现实的生存压力，也与个人的理财认知不足有关。当下社会竞争压力不断增加，找工作不容易，工资水平上涨速度跟不上物价上涨速度。基于这种情况，如果没有储蓄的话，就会面临很大的财务压力。

要想过上美好幸福的生活，能在满足自己生活的同时还能反哺父母，就要从改变生活态度做起，坚持量入为出，不当月光族，更不应该当啃老族。

尤其作为具有强大劳动能力的年轻人，一定要存钱，有工作能力的时候做月光族和伸手族，是一个令人鄙视的行为。

要改变月光族和啃老行为，可以从以下几个方面入手。

1.记录财务养好习惯。疏于理财、随意消费是很多年轻人的通病，所以养成记账的良好消费习惯是第一步。记账才能知道自己花了多少钱，钱都花在了哪些地方，并从中发现哪些是刚需，哪些可以省下不花，长此以往可以树立正确的消费习惯。

2. 强制储蓄锁定资产。储蓄不是挣得多才存得下，只要强制自己储蓄，总会存得下，如银行零存整取、基金定投等。哪怕从最初每月存三五百元开始，这对生活质量并无影响，只不过是没有储蓄的意识，也不想行动而已。

3. 提升能力增加收入来源。个人可以学习理财知识，了解投资理财的重要性和方法，从而更好地管理自己的财务，实现财务安全和独立性。个人可以通过增加收入来源来提高经济状况，从而减轻对父母的依赖，如找工作、做兼职、投资理财等方式。

第三篇

守住财富需要积累财富,进攻的必要性

第五章
跑进富人圈，财富的变现路径

第1节　正确认识现金流

◆ 现金流的ESBI四象限

说到财富一定绕不开"现金流"，通过对现金流的观察和分析，我们可以更好地理解赚钱的渠道和模式。在现金流中，有一个ESBI四象限，代表着收入和金钱产生的不同途径，具体如下：

E象限。代表雇员（Employee），主要收入来源是为他人工作而赚取的薪金。处于这一象限中的人，也就是为钱工作，为了别人工作，别人决定你的生活，一般很难实现财富自由。大部分的人处于这一象限。收入相对稳定，风险较小，但往往也伴随着较低的收益和较大的工作强度。

S象限。代表自由职业者（Self-employed），也被称为"小老板"，主要收入来源是自己给自己打工，自己是老板也是员工，是相对自由、独立的个体，这一象限中的人是通过工作赚钱，为了自己而做，收入有限，时间不自由。这种职业类型的特点是相对自由，可以根据自己的能力和市场需求来选择工作内容和方式，但也面临着较大的风险和不确定性，需要自己承担商业风险和财务压力。

B象限。代表企业所有人（Business owner），主要收入来源是自己的公司，如公司老板，建立公司，让公司自己运作。这一象限属于一群人一起帮你工作，工作是为了建立系统。这种职业具有较高收益潜力，同时也伴随着较高的风险和不确定性。

I象限。代表投资者（Investor），主要收入来源是自己用钱来生钱，钱会为了他们而工作，他们不需要真正去工作。这种职业类型的特点是收益潜力较高，但同时也伴随着较高的风险和不确定性。投资人需要具备较为丰富的投资经验和风险控制能力，以应对市场的波动和不确定性。

这四个象限中，E象限和S象限从事的是挑水型的工作，从事某种职业，获得主动收入；B象限和I象限从事的是修建管道型的工作，拥有属于自己的事业，能获得被动收入。

对于普通人来说，成为B象限的门槛较高，毕竟开公司需要资本、人脉等各种各样的资源，还要顺应时代的红利和机遇，但成为投资者（I象限），却是人人都可以的。当你拥有第一桶金，又具备一定的投资知识的时候，钱可以帮你赚钱。

普通人的现金流因为收入较低，所以他的收入几乎都用于支付生活支出，而没有机会去购买资产，他的资产状态就是通过工资收入，然后随着支出全部流走。

中产阶级的现金流因为收入高，所以每月会有一些结余，但受限于认知，多数买的是负债的东西，而非真正的资产，如自住房、汽车、珠宝、奢侈品等，这些东西其实一直在消耗我们的金钱。

富人的现金流，他们会拿出来办企业或投资赚到额外收入，然后不断循环，资产实现不断增值。

◆ **获取现金流要改变所处象限**

四象限中处于雇员的占大多数，但任何人都能改变自己所处的象限，四象限并不是固定不变的，可以通过学习和提升，改变所处的象限。如同预言家鲍勃·迪伦说的："你最好学会游泳，否则会像石头一样沉下去。"

那么，如何改变所处的象限呢？

1. 时间配置。如果你目前处于E象限中，只是一个普通的打工者，那么可以学会如何聪明地规划生活，让每一分时间，每一次接触的人、事、物，都成为自己的无形资产，来为自己的人生赋能。

2. 自我增值。学习是一辈子的事。可以打造独特的竞争力，不管是想放飞自我，坚持"无用之用"，还是想跨学科转行，实现"弯道超车"去创造人生的更多可能，在正确的方法指导下都是可以实现的。

3. 开源变现。学习富人时间价值，争取让你的时间投入产出比最大化，利用最少的时间和精力，来聪明地赚取开源收入。

4. 职业选择。不论什么工作，都会占用你 8 小时，因此选择一家值得去的企业往往能够带来丰厚的薪酬和自我价值实现的机会。要学会看一个企业的资产收益率来判断一家公司的好坏，你上班的目的是让工资为你的财富积累助力，让你的财务自由之路走得更稳定。

5. 财务规划。无论处于哪个象限中，财务规划是重点，要学习理财知识，判断收益率和各种理财工具，收获具体的财务方法，构筑自己的多渠道投资路径。成为富人也是需要付出代价的，那就是要花时间、花精力学习理财知识。

6. 不要怕错，要善于在错误中汲取经验。不要害怕错误，犯了错误也不要抱怨、不解释，承认错误，并从中学习，吸取教训，以后不要继续犯同样的错误。

先要失去，才能获得自由，也就是必须从左边的象限跳到右边的象限。先要自由（时间自由和思想自由），要改变所处的 EBSI 象限，首先需要了解自己当前所处的象限，以及自己的财务状况、收入来源和投资状况。这可以通过制定预算、整理个人财务数据等方式实现。根据自己的实际情况和未来规划，制定具体的目标，如增加收入、减少支出、提高投资回报等。根据目标制订具体的计划，包括调整工作、学习新技能、寻找副业机会、改变投资组合等。将计划付诸实践，积极采取行动，努力实现自己的目标。

需要注意的是，改变所处的 EBSI 象限需要时间和努力，需要保持耐心和坚持不懈地追求自己的目标。同时，也需要根据自己的

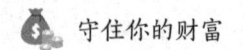

实际情况和市场环境的变化，灵活调整自己的计划和策略。

◆ 可自由支配现金流

"现金流"顾名思义就是现金的"流水"，代表一段时间内的收入和支出情况，也代表着源源不断的意思。流水不腐，只有持续性的现金流，才是财富积累的基础，也代表良好的财务状况。

普通人的现金流来源主要包括以下几种：

1.通过人力来创造现金流。通过人力的分两种，一种是主动性收入，主要是职场工作的收入，特点为每月固定时间发放，金额比较稳定，不会有太大的波动。这是风险较小，收入稳定的现金流来源。普通人要根据自身情况，规划一部分比例出来，进入投资资金池中，如工资的20%，生意净利润的10%等。一旦有了这个习惯，等于不断给自己"挖井"，时间长久的情况下，挖的井就能自动取水，就不用下山挑水。另一种是赚取差价创造现金流，如在网上卖货，可以卖实物货品也可以卖虚拟产品（卖文章、卖虚拟币、充值卡等），互联网很发达，只需设置一个机器人自动发货，就可以获得一定收入。

2.通过知识赚取现金流。比较常见的方式是通过书籍的出版和做一些网络课程，而获得的版税收入。另外还可以通过现在流行的直播课或制作课程包卖给不同的人，有互联网加持，一节课可以卖给更多的人。

3.通过资本赚取现金流。有资源的人可以通过投资股权，普通人可以通过房子出租、投资股票和基金，通过理财获得的收入，但并非所有的财产收益都可以作为稳定现金流的来源。例如，自己住的房子即使价格上涨 20%，也和现金流没有直接关系。但是，一套出租房每月获得的租金收入就是现金流。财产性收入多数来自核心财产，所以卖掉非核心财产，也是积累现金流的方法，或者可以理解为卖掉那个赚钱能力差的标的。比如，绝大部分投资属性车位、地段一般的商铺、公寓等。

站在普通人的角度来看现金流，如果月薪是 6000 元，现金流不是 6000 元，除去房租水电和生活必需支出外，剩下的才是你的自由现金流。必需支出和可支配收入是完全不同的两个概念，剩下的 3000 元现金流是用来存款、投资还是乱花，用途不一样，现金流产生的价值也不一样。

手里的自由现金流越多，可支配的方向也就更多，自由现金流永远都是王道。

如果不是单纯打工者，而是有了一定资产的中等收入者，收入高支出相对也高，这个时候就要看你的支出是花在资产上还是负债上，如果天天是领薪水付账单，可以说虽然有资产但基本没有现金流。工资刚到手，车贷、房贷、信用卡账单都要还，所剩的现金几乎等于零。对于提升自己，甚至创业，这些人想都不敢想，因为他们最怕失业，一旦失业，生活连几个月都难以维持。

所以，明白了什么是自由现金流的概念并且还没有太多的负债，这个时候可以算作人生路线的分岔口，一定要想清楚可供支配的自由现金流，是选择花在负债上还是选择花在积累资产上。

第2节　财富积累离不开现金流管理

◆ 自由现金流的意义

自由现金流和现金流是两个不同的概念，它们的主要区别在于涵盖的内容不同。

现金流包括所有的现金收入和支出，它是一个更广泛的概念，包括了个人或企业的所有资金流动。而自由现金流则是在扣除支出和费用之后剩余的现金流，它更多地关注的是可自由支配的资金情况。

自由现金流通常被用来评估一个人的财务状况，因为它代表了一个人真正可自由支配的资金量，不受必须用于特定用途的限制。而现金流则更多地被用于日常生活和支出，以确保生活有保障。

在现实生活中，有的人每天辛苦工作，工资仍然不够账单和生活费用；有的人不是在旅游就是在喝茶品酒，生活却过得非常悠闲惬意，从来没有因为经济问题而苦恼。后者就是拥有自由现金流的人，他们虽然不工作，但会有收入。

自由现金流是家庭的生命，当需要钱的时候没钱，才是最致命的。孩子要结婚没钱；生病去医院看病没钱；年龄大了不能赚钱，没钱。这也是为什么大多数人不喜欢工作却不得不早九晚五坚持上班的原因，这些问题的本质就是没有自由现金流。

自由现金流就是能源源不断生钱的账户，它能源源不断地创造被动收入。个人实现自由现金流的方法有很多，以下是一些可能的途径。

一是增加收入。尽可能地提高自己的收入水平，可以通过提高职业技能、寻找副业、投资理财等方式实现。

二是降低支出。审视自己的开支，削减不必要的支出，制定合理的预算，控制开支。

三是储蓄和投资。将增加的收入和削减的开支储蓄起来，进行投资理财，以获取更多的收益。可以选择低风险、稳定收益的投资产品，如定期存款、货币基金等。

四是创造被动收入。被动收入是指不需要持续工作但可以持续获得的收入，如租金收入、版权收入等。可以通过购买房产、创作并销售数字产品等方式创造被动收入。

◆ 规划现金流积累资产而不是负债

知道了自由现金流的重要性，还要分清资产与负债。相当一部分人，其实是无法正确区分资产与负债之间的差别的。有稳定收入的工作、能够带来租金的房产或商铺、有利润的企业股权或股票、有利息收入的投资（如存款、债券）这些都是资产。常见的负债，如欠别人的钱、欠银行的各种贷款（房贷、车贷、花呗、白条、信用卡逾期欠款等）。

以上这些资产和负债是较好辨别的，但也有一些不容易辨别的，如房子和车子，有人把它们归为资产，但如果不是全款买的房子和车子，需要不断地为它们还贷款，则应该归为负债。

所以，在《穷爸爸 富爸爸》一书中，对于资产的界定是：能把钱放进你口袋里的东西，能给你不断带来收入的东西。而负债则是把钱从你口袋里取走的东西。以汽车为例，如果你买了一辆商务车，用来拉客赚钱，它就是资产；反之，如果只是以车代步，还要花费汽车保养费、油费、养路费等，它就是负债。如果有一套房子，租出去获得租金，租金在覆盖了房贷和物业管理费之后，还有结余，那么这个能给你带来净现金流入的房子，它就是资产。反之，如果租金不够抵销房贷和物业管理费，还需要再往外掏钱，房子就是负债。

规划现金流的核心是要积累资产，减少负债。

如果你目前正在负债，那么需要不断提升自己的收入能力，否则就会出现财务危机。如果你已积累了一笔资金，就要思考如何用这笔钱获得更多收入。可以购买一些低风险收益稳定的产品，来获得更多的收益。如果你有一大笔资金，可以用来购买一些房产、商铺等不动产，来提升自己的资产项收入。

规划现金流积累资产的核心：

1. 找到生息资产。生息资产是能够产生现金流的资产，如投资基金、债券、房地产等。

2. 做好资产配置。根据自己的风险承受能力和投资目标，合理配置不同类型的资产，以实现现金流的长期稳定增长。

3. 预防风险。在投资理财过程中，应充分考虑风险因素，采取相应的风险管理措施，以保障现金流的安全和稳定。

◆ **资产积累的复利要素：本金、收益率、时间**

如果有了自由现金流，下一步就要为积累资产做准备。一个人的资产越多，代表财富越多。想要实现资产的增值离不开三个要素，分别是本金、收益率和时间。只有把这三个要素相乘才能带来财富倍增效应。

本金是资产积累的基础，大量的本金和提高收益率同等重要。基数越大，即使收益率不太高，依然能获得较高收益。大本金离不开开源和节流，提高收入水平，有计划性地消费，限制随意消费，是普通人积累本金最直接的办法。

收益率决定一款投资产品的风险，因为收益率越高代表风险越大，所以在积累资产的过程中，不能偏爱更高收益的工具，需要有更大的认知和评估与收益对应风险的能力。比如，买理财会不会看合同？买股票会不会研究股份公司的价值？买房产会不会做攻略和多听听投资专家的意见？这些都是在扩大认知，在这个基础上，追求收益率才是科学和安全的。

时间是这三个要素中容易被忽视的一个。巴菲特之所以成为投资界的传奇，并不是因为他的投资能够得到20%的收益，而是能将20%的平均收益持续五十年，甚至更长。所以，如果认为未来市场的收益率会降低，要尽量选择能保证长时间带来收益率的金融工具。反之，如果认为未来市场收益率会升高，那么应该选择更短时间期限的金融工具。

因此，想要财富增值，离不开时间、本金和收益率。

时间：时间越长，复利的效果越明显。在复利计算中，时间要素是指投资的时间长度。随着时间的推移，投资的收益会不断累积，形成复利效应。因此，投资者应该树立长期投资理念，耐心等待复利效应的发挥。

本金：本金是投资的起始资金。本金越大，复利效应越明显。因此，投资者应该通过储蓄、积累等方式增加本金。

收益率：收益率是决定复利效应的关键因素。收益率越高，复利效应越明显。投资者应该通过合理配置资产、分散投资等方式提高收益率。

第3节　收支平衡，现金流才能源源不断

◆ 超前消费往往会"超支"

在现金积累上，最怕"超前消费"，因此要对"超前消费"模式有一个清醒的认识。无论是负债型消费还是保守型消费，它们都有一个重要前提，那就是：人们一生的消费支出不能超过其一生所能获得的收入。

超前消费是指消费者在未来的收入或财富预期基础上，提前消费的行为。虽然超前消费有时可以帮助人们实现梦想或改善生活品质，但如果没有合理规划和管理，就可能会导致"超支"问题。

例如，某人在上海税后收入10k，但需要扣除房租4k，水电500元，交通500元，日常开销3000元，最后剩余的实际消费力是2000元每月。那么，在实际消费力下，透支6个月的消费属于超前消费，如透支花呗去购买一部万元手机，分6期总共需要支付10600元，每期供1766元，低于实际消费力2000元。这就是超前，算利息也只是提前把6个月的消费力消耗。不影响基本生活水平，还款不吃力，就是超前消费。目前不少人都喜欢这种消费模式，殊不知对于现金和资产的积累产生了很多负面的影响。

首先，超前消费容易导致债务累积。当人们选择超前消费时，往往需要借助信用卡、贷款等工具来支付费用。如果过度使用这些工具，就会导致债务累积，甚至陷入债务困境。

其次，超前消费容易让人忽视储蓄和投资。如果一个人经常使用信用卡或贷款来支付消费，就会减少储蓄和投资的意愿或机会，从而影响未来的财务状况和财富积累。

最后，超前消费也容易导致过度消费和浪费。人们在使用信用卡或贷款时，往往更容易产生冲动性购买或过度消费的行为，导致不必要的花费和浪费。

所以，超前消费需要谨慎规划和管理。在超前消费之前，应该充分考虑自己的财务状况和未来的收入预期，避免因过度消费而导致的债务累积、储蓄和投资不足等问题。同时，也应该注意理性消费和节约开支，以避免不必要的浪费和冲动性购买。

例如，小 A 在大学期间开始使用信用卡，并很快成为信用卡的忠实用户。他经常使用信用卡购买高档品牌的服装、电子产品和化妆品，享受着"先消费后付款"的便利。然而，随着时间的推移，他的信用卡欠款开始不断增加，甚至超过了他的还款能力。该案例表明，超前消费如果没有得到合理的管理和控制，就可能导致负债压力。当债务累积到一定程度时，消费者可能会面临支付能力不足、信用记录受损等严重后果。

换个角度来看，适度的超前消费对于年轻人来说，能够让他们感受到生活的压力，保持一定的危机感，从而不会懈怠工作，并可能会使他们获得更大的成长与收益。然而，过度超前消费往往使得年轻人对于理性消费把控不够，心智尚欠成熟，也会影响财富的积累。

◆ 花钱和用钱有本质不同

人每天都要和钱打交道，不是在赚钱就是在花钱，而花钱又有很多学问，不会花钱的人纯属消费，会花钱的人却是在投资。明智花钱不是把每一分钱都花在刀刃上，而是让花出去的每一分钱变成未来的财富。

花钱和用钱在本质上是有区别的。花钱通常是指将钱用于购买物品、享受服务等，以满足自己的物质或精神需求。在这个过程中，钱被消费掉了，转化为相应的物品或服务。

相比之下，用钱则更侧重于通过投资、理财等方式，将钱用于创造更多的财富。在这个过程中，钱被用于产生更多的财富，而不是被消费掉。

具体来说，花钱是一种消费行为，而用钱则是一种投资行为。花钱是为了满足当前的需求，而用钱则是为了实现未来的目标或计划。

所以，花钱也是需要学的。日常花销可以分为三个账户，分别是日常消费、投资和投机。

1.日常消费账户。日常消费账户是为了购买生活必需品，享受生活等所支出的费用，这个费用因为欲望的大小可多可少。举个简单的例子，如果是自己做饭，这个消费账户支出得就少。如果喜欢下饭店吃饭，支出就多。对待日常消费账户，需要考虑购买物品后得到的满足程度是否与我们所支付的价格相匹配，如同样背一个包包，一百元的包包能背，一万元的包包也能背。如果不具备消费能力，最好选择更少花费的那一款，省下的钱可以变成资产。

2.投资账户。该账户是为了增加将来的资本而投入现有资本的活动。比如，报了一门理财课或技能课，这笔消费会为以后的工作和成长提供潜在的价值，如果顺利的话，工资就会得到大幅提升。再或者将消费省下来的资金用来购买可投资类的产品。消费与投资的关系比较密切，互相联系，需要尽量保持二者的平衡。

3.投机账户。这个账户是为了挑战一些高收益产品，但要做好亏损的思想准备，看是否能够获得比付出的金钱更多的回报。因为是"投机"，所以回报率不稳定，要尽量减少花在投机上的钱，常见的赌博行为、买彩票行为多属于投机行为。

消费账户中支出的钱往往是"花钱"的行为，而在投资账户中支出的则是"用钱"的行为。

所以，无论收入多寡，最重要的是学会如何综合性地去运用好每一分钱。纯粹消费的能省则省，把省下来的钱用于投资。这个不单是用在金钱的使用上，时间也是如此。比如你消费了时间跟朋友聚餐，在酒吧狂欢了一整晚，你不仅仅消费了一个晚上的时间，因为你这个晚上本来可以进行投资的，这叫机会成本，你消费的是时间加可能在这个时间上产生的投资积累的总和。

在自己身上消费不如在自己身上投资，这样会让你持续增值，人生就是一个不断投资的过程，在哪里投资，就会在哪里产生结果。从现在开始，减少不必要的消费，增加有益的自我投资，和时间做朋友，让时间带来回报。

◆ 721消费金字塔法则

在使用金钱方面有一个比较出名的法则，被称为"721金字塔法则"。721消费金字塔法则是一种消费观念，其将消费金额分为三个部分：70%用于长期消费，20%用于短期消费，10%用于储蓄。

对于高净值人群来说，他们往往7成用于投资，2成用于自我成长学习，1成用来应急。对于中产和月光族来说，往往是倒过来的，大部分人会用70%用于生活消费账户，20%用来构建实现财富自由的自我成长、投资增值等，10%用来应急。721法则消费法则具体如下：

70%长期消费主要用于购买生活必需品和固定支出，如房租、水电费、食物、医疗保健、保险等。这部分消费是必要的，可以帮助个人保持稳定的生活状态和一定的生活水平。

20%短期消费主要用于购买日常用品和娱乐等非必需品。这部分消费可以根据个人需求和喜好进行调整，但不应超过短期收入的比例。

10%储蓄主要用于储蓄和投资，为未来的需求和紧急情况提供保障。储蓄不仅可以帮助个人应对意外支出，还可以通过投资获得一定的收益。

如果普通人收入不高还欠外债，收入的10%存起来，化零为整，小钱就能攒成大钱；收入的70%用来维持日常生活，坚决不多花；剩下的20%用于偿还债务。

假设一个人欠外债和利息共计15万元，计划在3年内偿还完。按照721法则，他将70%的收入用于每月偿还债务4900元，20%的收入作为每月生活费1400元，10%的收入作为每月储蓄700元。这个案例表明，通过合理分配收入，个人可以逐步减少债务负担。

要让721法则落地，制定预算是关键步骤。根据收入和支出情况，合理安排各项支出，确保70%的收入用于长期消费，20%的收入用于短期消费，10%的收入用于强制储蓄。

守住你的财富

还是那句话,"你挣了多少钱并不重要,重要的是你留下多少钱"。如果不刻意控制 10% 的支出,永远也不会有剩余。存下不低于 10% 的收入,在自己钱袋里种下财富的种子,并逐渐养成习惯。一个人拥有的财富,不是以他已经装到袋子里的钱币来衡量,而是他创造的持续流入钱袋的现金流。从全部收入中存 10% 的钱只是一个开始,用这些存款赚到的钱才是财富。

遵循 721 消费法则可以帮助个人合理规划自己的消费和储蓄,避免不必要的浪费和过度消费,同时也可以为未来的需求和紧急情况提供保障。

◆ **管理好你的三个钱包**

第一个是自己真实有多少钱?这是你生活和救命的钱,也是最最基本的钱,这个钱包必须够你在什么都没有的情况下,让你生活很久。

第二个是别人认为你有多少钱?这个是你的社会价值和长期经营的产物。

第三个是你能调动的资源和资金,这个是你的杠杆,遇到机会时你可以狠狠挣一次钱的机会。

一个人成功其实有三个要素:专业,责任心,杠杆。

第六章
财富机遇与投资逻辑

第1节　对于投资的思考

◆ **趋势和风口对投资的意义**

有了储蓄是实现财富自由迈出的关键一步，也是普通人能够逐渐摆脱财务困境的基础。有了一定的储蓄之后下一步想要产生更多的收益，可以进行投资，让财富实现增值。如果投资得当，可以让财富在长期内持续增长，从而提高自己的财务自由度。尤其作为普通人收入来源单一，一旦收入来源出现问题，财务状况就会面临很大风险。通过投资，可以获得更多的收入来源，从而降低对单一收入来源的依赖。适度的投资和财富积累可以提高一个人的信用评价，从而在未来需要贷款的时候，申请会更容易获得批准，有可能获得更多优惠的贷款利率。

投资不是想当然，而是需要研究经济趋势和风口，因为这些因素对投资的影响非常大。

首先，经济趋势是投资的重要基础。如果经济趋势向好，市场环境稳定，投资者可以更加放心地进行投资，获得更好的收益。相反，如果经济趋势不佳，市场环境不稳定，投资者需要更加谨慎地进行投资，避免投资风险。

其次，风口也是投资者需要关注的重要因素。在投资领域中，风口代表着市场发展的方向和潜力，投资者如果能够准确地把握风口，就可以更好地把握投资机会，获得更好的收益。同时，风口也代表着市场变化的方向和速度，投资者需要保持敏感度和灵活性，及时调整投资组合，以适应市场变化。

最后，经济趋势和风口的出现也意味着市场环境和行业发展趋势的变化。投资者如果能够深入了解这些变化，可以更好地制订投资策略和计划，提高投资收益。例如，随着人工智能技术的快速发展和数字经济高质量发展成为主旋律，人工智能和数字化产业成为新的投资风口。如果投资者能够深入了解人工智能技术的发展趋势和市场前景，就可以更好地把握投资机会和制定投资策略，避免投资风险。

另外，要知道投资的基础逻辑。如要知道金融市场运行的基本原理，为什么会有股市，什么是股票、债券和基金，指数又是什么等。

看清楚了大的趋势和风向，再辅以投资的逻辑，学习一些投资基础知识，才能在投资路上不盲目，才能够找到更符合自己实际情况的投资目标。

◆ 当下经济环境对投资的影响

近年来，世界经济环境发生了非常大的变化，作为普通的投资者，应该怎么看待这种变化，以及分析当下环境对我们有什么影响？

经济环境与投资的关系非常密切，是影响投资活动的重要因素。经济环境为创业投资和其他各环境要素的发展提供基本的物质条件，直接影响着创业投资制度的确立和发展，同时也是文化、科技、金融、人才等各支撑要素发展的前提条件。

经济环境中的经济稳定性、经济潜力、市场规模和经济开放程度等方面都会影响投资。经济稳定性表征投资风险的大小，越稳定则在一定程度上代表投资风险就越小。经济潜力与市场规模决定投资所能取得的期望收益，潜力及市场规模越大，收益期望值也就越高。

当下我们的经济环境从过去高增长、低通胀、低波动，转向了低增长、高通胀、高波动。这个影响可能会是一个较长的周期，会处于一种风险增加、波动性增加，经济相对低迷的状态。这种状态可能会成为一个常态和长久的存在。

在当下这种环境中，想要通过投资进行财富增值，需要考量资产配置、投资理财，这些和在相对和平、比较稳定的环境下考虑的因素是不一样的。从原则上讲，越是经济低迷的时候，越要稳健地进行投资。此时要知道自己的能力范围、安全边界，也可以进行资产配置、分散投资，要抓住资产轮动时机，要有宏观视野，也要坚持长期主义。但是对大部分人而言，依然无从下手。

在低增长、高通胀、高波动的时代，对大部分普通人而言，只有两种选择：一种是有一定资金积累的，多买点保险；另一种是有一定专业知识的，换点不同国家的外汇，或者买点黄金。如果没得选，那么要做的就是保住工作，保住饭碗，尽可能到收入增长比较快的行业或公司工作。对绝大多数人而言，在这个时候要少亏一点，资产少缩水一点，少遇到一点风险，尽可能地规避风险。受三年疫情以及过去五年诸多因素变化的影响，人们的心态发生了非常大的变化，大量的钱不再用于扩大再生产、投资、买房，而是用于防御性储蓄。

所以，未来的趋势不可避免地将出现经济增速下降，货币政策和财政政策相对稳定，作为普通人从积极型资产配置开始转向保守型资产配置。

财富管理、资产配置都与经济周期、政策周期和国际环境紧密相关。未来我们的财富管理和资产配置需要更加稳健。希望大家能够通过自己的学习，抓住机会，放眼长远。

◆ 数字时代的投资重点和方向

在疫情催化下，产业数字化大潮渐起。数字化会带来怎样的投资新风口呢？从发展方向来看，数字经济发展主要包括四大部分，即数字价值化包括数据采集、数据标准、数据确权、数据流转与保护等，重点在于数据要素产业链的分析和投资机会；数字产业化，作为数字经济先导产业，包括物联网、5G、云计算、大数据、AI 和区块链等，重点在信创和算力的产业链分析和投资机会；产业数字化包括但不限于工业互联网、智能制造、车联网以及平台经济，重点在工业互联网的投资机会；数字化治理，以"数字技术＋治理"为典型特征的技管结合，以及数字化公共服务等，重点在于政务数字化建设和数字人民币的投资机会。

我们可以随处可见数字经济与传统经济对比的例子。你站在马路边招手打车，这是传统经济；你通过手机 App 打车，这是数字经济。你准备吃饭，直接去餐馆堂食，这是传统经济；你在网上订餐，外卖小哥很快就会把餐送到你家里，这是数字经济。你看电视广告，然后去超市购买你看中的商品，这是传统经济；你在短视频平台看各种主播在销售产品，在弹出的窗口点击链接下单，在线支付，这是数字经济。

对于普通人来说，数字经济不是概念或主题，而应当把数字经济当作 10~20 年的人生规划和投资主线。

在数字时代，无形资产和轻资产创业越来越受到投资者的青睐。

首先，无形资产成为投资者关注的重点。在知识经济时代，无形资产的重要性逐渐超过了有形资产。这些无形资产包括品牌、专利、版权、数据、客户关系、商业模式等，它们在企业的价值创造中起着关键作用。投资者越来越意识到无形资产的重要性，开始投资于这些领域，以获得更高的回报。

其次，轻资产创业也受到了投资者的青睐。这种创业模式注重创新、品牌和营销等方面，而非传统的重资产投入。轻资产创业的优势在于能够快速适应市场变化，降低投资风险，提高回报率。在数字时代，轻资产创业的机会越来越多，投资者也越来越关注这一领域。

最后，数字技术的发展也为投资者提供了更多的投资机会。例如，人工智能、大数据、云计算等领域的发展，为投资者提供了更多的投资选择。这些技术领域的创新和发展，不仅能够推动经济增长，也能够为投资者带来更多的商业机会。

第2节 传统投资项目陷阱不能踩

◆ 股票和基金不是对谁都友好

虽然说有的人炒股能赚钱，买基金能保值，但不可否认，股市流行的"一赚二平七亏"也是事实。有很多人进去股市多年仍不赚钱，而更多的人甚至是进去不但不赚还赔钱。股市跌宕起伏，股民有喜有忧，有人赚钱有人赔。既然亏了，就要明白你赚的是谁的钱，亏了又是谁亏钱。

股票和基金作为一种投资理财的方式，可以为普通人提供一个财富增值的途径，但前提是要具备一定的知识和风险意识，不是人人都能炒股、买基金。

股票是一种权益证券，代表了公司的一部分所有权。通过购买股票，普通人可以成为公司的股东，分享公司的发展成果和未来收益。如果公司经营良好，股票价格就会上涨，投资者就可以获得资本增值和股息收入。另外，股票市场的交易非常灵活，普通投资者可以根据自己的风险偏好和投资目标选择适合自己的投资品种和交易策略。例如，可以选择长期持有股票、进行短线交易、分散投资、价值投资等不同的投资方式。

当然，股票投资也存在着一定的风险。股票价格受到多种因素的影响，包括公司业绩、市场环境、政策法规等。投资者需要具备一定的风险意识和风险管理能力，了解市场行情和公司基本面，制订适合自己的投资计划和风险控制策略。

不建议大部分投资者直接下场炒股，因为即便对上市公司特别了解，也未必能赚到钱。投资和交易是两回事，交易是个非常复杂的系统，也是个技术活儿。如果想要通过股票和基金来拓展投资渠道，专业水平高的话，可以直接买基金；如果对市场没那么了解，可以通过银行理财产品、保险资产管理产品去买基金。专业的金融机构现在也面临极大的挑战。所以，是直接买基金，还是通过银行理财产品和保险资产管理产品去买基金，主要看个人的情况。

股票和基金的收益和风险是投资者在选择投资品种时需要考虑的重要因素。

首先，从收益角度来看，股票的收益相对较高，但波动性也较大。如果投资者能够把握市场走势，选择表现优秀的股票，可以获得较高的收益。基金的收益则相对稳定，但受市场和基金经理表现等因素影响，也存在一定的波动性。

其次，从风险角度来看，股票的风险较高，因为股票价格受多种因素影响，包括公司业绩、市场环境、政策法规等。如果市场走势不佳或公司业绩下滑，股票价格可能会大幅下跌，导致投资者亏损。基金的风险相对较低，因为基金经理会根据市场走势和基金投资目标进行分散投资，以降低单一资产的风险。

最后，股票和基金的投资方式也存在差异。股票需要投资者自行选择个股和买卖时机，需要具备一定的投资知识和经验。基金则由专业的基金经理进行管理和运作，投资者只需选择适合自己的基金产品即可。

大家要认识清楚，股票发行采用注册制以后，普通投资者炒股的难度比原来提高了1万倍。大部分人其实还是应该通过银行、保险公司这样的专业机构去买基金、买股票，这些机构会帮助你配置。你是以1年、3年、5年还是10年为投资期限？不同期限有不同的产品设计。即便你想直接下场，也一定要在自己的风险承受能力之内，同时切记，不要加杠杆，不要借钱炒股。

◆ 高额回报投资陷阱：P2P、资金盘、数字货币

随着科技的发展和金融的创新，越来越多的投资方式出现在了公众的视野中。其中，P2P、资金盘、黑直销成为一些人追求高回报的途径，但这些领域也隐藏着巨大的风险。

P2P（Peer to Peer）借贷，即个人对个人的借贷，通过互联网平台撮合借贷双方，实现资金流动。P2P的利息要比银行的利息回报高一点，对普通人来说很有诱惑力，刚开始尝到甜头的人们会津津乐道，口口相传，很容易使不懂行的人上当。一些P2P平台打着"高收益"的幌子，实则进行非法集资和诈骗。这些平台通常会以超高的年化收益率吸引投资者，但背后却是虚假的标的和庞氏骗局。一旦资金链断裂，平台就会关闭或跑路，投资者将面临巨大的损失。

某P2P平台宣称提供高达15%的年化收益率，吸引了大量投资者。然而，该平台实际上并没有真正的借款人，是通过虚假标的和庞氏骗局来维持运营。投资者在平台上投资的资金并没有流向真实的借款人，而是被平台方挪用。平台方通过不断推出新的标的来吸引投资者，同时以高收益为诱饵，鼓励投资者进行复投和推荐新客户。为了制造虚假繁荣的假象，平台方甚至雇佣水军在社交媒体上发布虚假评价和晒收益的截图，以欺骗更多不明真相的投资者。然而，随着时间的推移，平台资金链逐渐断裂，无法按时兑付投资者的本息。当投资者发现真相并要求提现时，平台方就会以各种理由拒绝兑付，甚至关闭网站和失联。最终，投资者遭受巨大损失，血本无归。

这个案例揭示了P2P借贷骗局的一些常见手法。首先，不法分子会以高收益为诱饵，吸引投资者的眼球。其次，他们通常会制造虚假繁荣的假象，通过虚假标的和庞氏骗局来维系资金运转。最后，一旦资金链断裂或被监管部门查处，他们就会关闭平台或失联，让投资者无处追诉。

资金盘和P2P一样，也是一种具有诱惑力的投资陷阱。资金盘多以高回报为诱饵，吸引投资者参与。投资者通过购买所谓的"份额"或"股权"，以求获得高额收益。然而，这些所谓的"份额"或"股权"并没有真正的资产支撑，而是建立在虚假承诺和后期投资者资金的基础上。资金盘会采用"拆东墙补西墙"的方式维系运转，通过不断招募新投资者来填补老投资者提现的缺口。为了扩大规模，他们雇佣大量销售人员，通过各种渠道宣传诱人的投资回报，甚至利用社交媒体和名人效应来扩大影响力。然而，一旦新资金无法维系游戏运转，资金盘就会崩盘，投资者将面临巨大的损失。一些投资者甚至陷入其中无法自拔，为了追求高回报不断加大投资，最终导致血本无归。

随着数字经济的发展，数字货币投资也成为一种新兴的投资方式，主要是指投资者通过购买和持有数字货币，以期获得资产增值和收益。然而，与传统的投资方式相比，数字货币投资具有更高的风险和不确定性。数字货币投资陷阱也随处可见。

1.虚假数字货币项目，一些不法分子通过发行虚假数字货币项目进行诈骗。他们通常会虚构一个看似高大上的项目，承诺投资者可以获得高回报。然而，这些数字货币并没有真正的价值基础，只是建立在虚假承诺和后期投资者资金的基础上。一旦新资金无法维系运转，项目就会崩盘，投资者就会面临巨大的损失。

2. 庞氏骗局是一种常见的投资陷阱，在货币数字投资领域也不例外。一些不法分子通过承诺高回报吸引投资者，但实际上并没有真正的盈利模式。他们通常会用新投资者的资金来支付老投资者的高额收益，制造虚假繁荣的假象。一旦新资金无法维系运转，投资者就会面临巨大的损失。

3. 高杠杆交易是指投资者通过借入其他资金来放大自己的投资规模。在数字货币投资领域，高杠杆交易的风险尤为突出。由于数字货币市场的波动性较大，一旦市场走势不利，高杠杆交易者将面临巨大的损失甚至破产风险。

4. 非法代币发行。一些不法分子通过发行非法代币进行诈骗。他们通常会声称代币具有某种特殊功能或用途，但实际上并没有真正的技术支撑或应用场景。投资者购买这些代币后，不仅面临巨大的贬值风险，还可能面临法律风险和维权困难。

无论是P2P还是资金盘，抑或是数字货币，这些投资陷阱具有共同的欺诈特征：

1. 超高收益，承诺的收益完全超出市场平均回报。所以不要贪多求快，高回报往往藏着高风险。

2. 采用"高收益，高返佣"模式，宣称投入的钱越多，返利越多；邀请的人越多，收益越高。

3. 使用"群+托"的推广模式，进行大量虚假宣传。

为了避免踏入这种投资陷阱，不要有贪便宜的心理，更不要相信"天上掉馅饼"的事，对于高额返利项目要多打听，多咨询，多找找网上避雷指南等,保持理性,避免盲目跟风投资,维护资金安全。最后多学习反欺诈知识,提高识骗防骗能力。

◆ **房产投资是否具有价值**

有人说近几年买房投资会变成妥妥的韭菜,也有人说一线城市的楼市神话依然存在。那么,房产投资是否具有价值,投资房产怎样才是理性和安全的呢?

一直以来,房地产被视为最有投资价值的硬通货,从历史回报来看,在过去20年的中国,房地产年收益最少有3.58%,最高有10.78%。尤其对于一线城市而言,增长率更高。大部分人通过投资房产获益,首先是通过出租获得租金收入,这能提供稳定的现金流。相比其他投资品种,房产的租金收入相对稳定,并且可以抵御经济波动的影响。其次,房产投资可以抵御通货膨胀。随着经济的发展和人口的增长,房地产市场的需求不断增长,而土地资源的有限导致供给不足,从而推高了房价。因此,投资房产可以作为一种对抗通货膨胀的手段。此外,房产投资还可以为投资者提供税务优惠。在一些国家和地区,拥有房产可以享受税务优惠,如可以抵扣个人所得税等。这些优惠可以降低投资者的税务负担,提高投资回报。

目前来看房地产风向已变,政策提出"房住不炒",房子"只升不跌"的状态已不复存在,从房产投资上看,靠炒房暴富的时代已经过去。但要分清一点,房住不炒,不等于不要买房。对于普通人而言，自住房仍然是刚需，如果买对城市、买对位置，买对户型，资产依然可以实现保值增值。

房地产市场也在不断推出"大招"，存量房贷打折、首付比例低至二成、北上广深集体松绑"认房不认贷"等，这番热闹的背后藏着房地产的新动向。财富正在发生悄无声息的转移。

由于有了房地产利好政策，不少之前有房的人开始去更核心的城区和更大的城市进行房产置换，一线城市的人从之前的老破小置换成大房子。二线有房的人在本市置换更大的户型，有的甚至卖掉旧房子来付首付去大城市买更好的房子。认房不认贷政策推出，对有贷款买房需求的人可谓利好。以前名下有房卖掉想买第二套的，第一套房还没还完贷款又想买第二套的，以前全款买房，没贷款也想买第二套的，以前在外地有房，如今想在本地购买第二套的，都可以享受贷款优惠。

房产投资是否具有价值，要看房子在哪个城市。在考虑如何买房抗通胀时，需要考虑以下几个方面。

1. 房产的地段和品质。房产的地段和品质是影响其抗通胀能力的重要因素。一般来说，繁华商业区、学区房、地铁沿线等优质地段的房产更具投资价值，更容易保值增值。同时，房产的品质也是非常重要的，包括建筑质量、小区环境、配套设施等方面，这些因素都会影响房产的价值。

2. 房价的波动。房价的波动也是投资者需要考虑的因素。投资者应该关注房地产市场的走势和政策变化，了解房价的波动情况，以便及时做出投资决策。

3. 贷款利率。购房贷款利率是影响购房投资成本的重要因素。在贷款利率较低的时候，投资者可以考虑采用贷款购买的方式，降低投资成本，提升抗通胀能力。

4. 房产的持有成本。房产的持有成本包括物业管理费、房产税、房屋维修费等，这些费用会影响投资者的收益。投资者应该了解房产的持有成本，并在购房前与卖家协商好相关费用。

5. 长期投资。房产投资是一项长期投资，投资者需要具备足够的耐心和信心。在投资过程中，投资者应该保持理性，不要被短期的市场波动影响，要坚持长期持有房产，以获得更好的抗通胀效果。

◆ 为什么会有那么多电信诈骗？

之所以会有那么多电信诈骗，主要原因还是骗子们利用了人们对金钱和物质利益的渴望以及贪小便宜的心理，这种心理是投资大忌，更是容易上当受骗的人性弱点，正是因为人性中的贪婪和恐惧这样的弱点，电信诈骗才屡禁不止。

电信诈骗不仅仅骗中老年人，就连每天接触网络的年轻人有时也都无法分辨，容易轻信和上当。"80后"、"90后"群体大部分受过良好教育，接触网络时间较早，信息获取渠道丰富，对电信诈骗手法有一定了解。然而面对精心设计、不断迭代升级的网络骗局时，仍缺乏足够的警惕和辨识能力。

第三篇 守住财富需要积累财富，进攻的必要性

近几年，电信诈骗数量陡增，每个年轻人都要明确一点，你目前还没被骗，并不是因为你多聪明，也不是因为你没钱。而是套路你的"剧本"还在路上，并且接近的速度也越来越快，一定多个警惕心，增加防范。

因为大部分受骗的年轻人受骗的原因之一是希望快速赚钱，所以头脑一热就容易上当。比如，刷单返利、虚假理财等。

投资不能急功近利，渴望赚快钱的心态是不可取的。

自信是人的本性，走捷径是人的共性，如果在赚钱这件事上都想走捷径，都想一夜暴富，赚快钱，幻想着有人能够带自己赚钱，那么离上当受骗就不远了。因为有一些网红效应和网络理财产品的宣传，很多人相信通过网络渠道能够在很少成本投入的情况下短时间内实现财富自由，因此更容易被一些所谓的网红签约机构和虚假理财类产品诈骗。

无论做什么投资，都不要幻想着一夜暴富，投资是一项长期的过程，需要投资者具备耐心和信心，不断学习和积累经验，逐步提高自己的投资水平和认知能力。不能贪小便宜，要注意保护个人信息，在深度用网时，不进"吃瓜"群，不点虚拟链接，不浏览和参与网络赌博、网络约会等软件，分享日常也要保护好个人信息，不被不法分子利用。

在投资过程中，投资者应该保持理性，不被短期的市场波动影响，制订出适合自己的投资计划，并按照计划执行。同时，投资者也应该注意风险控制，不要盲目跟风和投机，选择适合自己的投资方式。

第3节　学会重新理解时间

◆ **时间对投资的意义**

一切投资都要面对时间的考验，你信任时间，时间就会回馈你。投资回报的实现，最终要靠时间。对于投资与投资者来说，时间也是非常重要的，追求速富的人喜欢短时段，愿意慢慢变富的人拥抱长时段。

首先，时间可以帮助投资者抵御市场的波动。市场中的价格波动往往受到许多因素的影响，如经济状况、政策变化、国际事件等。投资者可以通过长期持有优质资产来应对这些波动，避免因为市场短期波动而做出冲动的决策。

其次，时间可以帮助投资者获得更好的回报。从长期角度来看，许多资产类别，如股票、债券和房地产，都表现出持续的增长趋势。投资者通过长期持有这些资产，可以获得更高的回报。

再次，时间还可以帮助投资者降低风险。通过分散投资，投资者可以将风险分散到不同的资产类别和地区中。随着时间的推移，一些资产的表现可能会优于其他资产，从而降低整体风险。

最后，时间可以帮助投资者实现财务目标。投资者可以根据自己的财务目标，制订长期投资计划。通过合理的资产配置和投资策略，投资者可以逐步实现自己的财务目标。

对于投资人而言，理解时间的价值往往是决定投资格局的关键。每个投资人都要搞清楚的是，能随着时间的流逝加深护城河的，才是"资产"，时间越久对生意越不利的，则是"费用"。市场处于低潮时，才让人真正去考虑谁是最好的创业者和企业家，什么样的企业才能够持续放大优势。外部环境不佳的时候，往往也是真正拥有抵御风险能力和核心竞争力的企业脱颖而出的时候。

时间也是检验投资决策正确与否的重要标准。可以把时间花在对投资的复盘上，以及提高对事物认知的深度和边界上，努力提高自己的投资知识和能力。既相信自己对于投资市场的研判能力，同时又对所有的结果保持高度的警觉，并及时修正自己的理解和预期。

通过不断复盘，不断检验时间带来的投资结果，才能在高速动态变化中，实时地判断这家公司或者创业者是不是时间的朋友。

对于普通投资者来说，与机构相比最大的优势在于专注和时间。不用什么东西都想尝试，更不要急不可耐。市场中可以赚钱的方法很多，花时间与优秀的公司和靠谱的投资项目一起成长，选择能获得长期回报的平台。赚钱，往往是投资者与平台相互信任，共同进退的结果。当一个人考虑的是未来10年周期的问题，他就会拥有未来。若只习惯考虑明天的问题，也就仅仅收获昨天的延续，这就是时间对于投资的意义。

◆ 投资是强化一种复利思维

时间带来的复利效应，也叫作时间的复利，是一种"利滚利"的效应，核心在于时间和收益率。这个概念在经济学和投资领域中经常用到，指的是资金持续地、反复地投入一个或一组优质标的，长期坚持，最终财富的雪球会越滚越大，实现财务自由。在这个过程中，时间起到了关键的杠杆作用，让利息有机会按照复利增长模式累积增长。复利效应并不仅限于财富的积累，在知识学习、技能提升等领域，复利效应同样发挥作用。只要我们坚持不懈地学习或练习，知识和技能就会在时间的复利作用下，持续地累积和增长，最终给我们带来意想不到的收获。

复利效应的本质，就是做A事情会导致B结果，而B结果又会反过来加强A事情，由此不断增强循环。比如，学习越厉害遇到的机会越多，锻炼身体越多就会发现越健康，越有钱你就会越来越有钱，这都是相同的道理。复利效应不仅涉及财富方面的投资理财，还包括健康、人脉、知识等多方面。

在追求时间复利效应方面有一些值得参考的人和事，例如，亚马逊创始人杰夫·贝佐斯将一个在线书店发展成为全球最大的电子商务平台。他的成功在于他看到了互联网的巨大潜力，并投资于技术和基础设施，以打造一个全球性的电子商务帝国。贝佐斯的远见和投资决策使得亚马逊在市场上获得了巨大的竞争优势，并最终实现了巨大的回报。巴菲特是全球著名的投资家，他的投资哲学和策略都注重长期价值投资。他通过长期持有优质股票和公司，获得了巨大的回报。巴菲特的成功在于他能够识别并投资具有长期增长潜力的公司,并耐心等待这些公司成长为行业领导者。

复利效应不仅应用在财富管理当中,也应用在知识上。我们常说的"活到老学到老"就是一种学习的复利效应。比如,在你的圈子里,你每天都在不断地学习,而你身边的人都不学习,短时间内可能看不出差距,但几年之后你就会发现你跟他们已经完全不同了,这就是复利效应所产生的结果。尤其在互联网知识大爆炸的今天,只有每天坚持不断地学习,并刻意练习技能,才能立足于当下。

复利是一种思维方式,很多回报都来自复利。想要迎来投资的"拐点"或人生的"转折点",需要大量积累,直至突破成本线。真正理解复利的人都知道,复利是一个依赖长期的概念,复利需要足够长的时间发酵,这个时间既是个人漫长的积累,也可能是一辈子的耐心,甚至是几代人的耐心。例如,巴菲特一生中的大部分财富,都是在 50 岁之后获得的。

普通人如果想要体验到复利效应,想有积累性的爆发,那么应该尽快摆脱那些只能带来短期收益的工作。只有那些能够重复进行的事情才能够带来复利效应。无论是打造个人 IP、自媒体、投资理财等,都需要全身心地投入,靠时间来出成绩,让复利积累成果。

◆ **在喜欢和擅长的事上投资时间**

把时间投资在喜欢的人和事上能够带来很多积极的影响,包括提高幸福感、增加动力和专注力、建立人际关系、实现自我发展和增加成功的机会。因此，我们应该尽可能多地做自己喜欢的事情和与自己喜欢的人在一起，以获得更多的快乐和成功。人们在自己喜欢和擅长的事上总是乐此不疲，会自发地投入大量的时间和精力，而且从不缺乏耐心，容易做出成绩。比如，爱因斯坦对物理的追求、乔布斯对科技的热爱，他们都是通过追随内心的声音，成就了在各自领域的卓越才华。

将时间和精力放在自己喜欢、擅长且能够产生复利效应的事情上，也是人生积累财富的智慧选择。

投资也是如此，例如，一个对投资股票不擅长而喜欢无人机的人，不应该将精力和钱放在学习股票上，而应该去投资自己做无人机相关的事情上。在自己喜欢且擅长的领域得到的技能、知识和钱，横向去和你自己所定义的做投资领域做得很擅长的人去交换，以此来拓展自己的能力。

所以，在自己擅长和喜欢的事情上投资时间，这样才能产出最大化，然后通过自己获得的优势，再去横向拓展自己其他的能力。当一个人在某一个方面特别强的时候，在其他领域的认知不足会自动补全，甚至有人帮你补全。比如，一个人不擅长也不喜欢投资，则可以把时间和精力投在自己喜欢且擅长的事情上，然后用自己擅长的事情挣到钱，用这些钱再去交优秀的朋友，来指导自己投资。

找到自己擅长且喜欢的，要考虑自己擅长哪方面，不是职业也不是工种，而是能力，如沟通、写作、创意、计算等，能力代表一个人的天赋。最好的能力是即使脱离了大体系，依然可以依靠自己或平台带来收入。例如，摄影和绘画的能力。

如果有时间和选择时，应尽可能多学习专业技能和提升个人能力，因为这种擅长和喜欢的能力，它是可以陪伴你的，哪怕离开了当前集体，依旧能发挥大部分作用，且会随着你的熟练度不断提升给你带来更高的收入。

无论是让技能变强的能力还是内心强大的能力，甚至是抓住机会的能力，都一样重要。只要能顺从本心，过自己想要的生活，不用管别人的价值观和声音，按照自己想要的方式生活，这就是另一种财富。

第四篇

财富的底层逻辑

第七章
财富守护与传承：从金融策略到家族管理

第1节　守护财富的具体保护措施

◆ **保护资产：金融资产的合理配置**

财富中的金融资产包括现金、银行存款、外汇、黄金、债权、保险、信托、股票、基金等。

金融资产是一切可以在有组织的金融市场上进行交易、具有现实价格和未来估价的金融工具的总称。金融资产的最大特征是能够在市场交易中为其所有者提供即期或远期的货币收入流量。尽管金融市场的存在并不是金融资产创造与交易的必要条件，但在大多数国家经济中金融资产还是在相应的金融市场上交易的。金融资产可分为现金与现金等价物和其他金融资产两类。前者是指个人拥有的以现金形式或高流动性资产形式存在的资产，如各类股票和债券等；后者是指个人或企业持有的其他金融工具，包括贷款、债权投资、股权投资、基金投资、衍生金融资产等。

金融资产的属性不同，风险与收益状况也不相同，家族财富管理过程中应兼顾金融资产的安全性、收益性和流动性，做到金融资产内部与其他资产的科学合理配置。

在中国家庭的金融资产配置中，家庭住房资产占比偏高，挤占了其他金融资产的配置。同时，中国家庭存款类的资产占比过高，导致金融资产配置不平衡，缺乏多样性，使金融资产收入偏低。另外，商业保险比例偏低，风险对冲不足，多数家庭参保不是为最能赚钱的人投保，而是为未成年子女投保，这样的安排一方面忽略了对家庭顶梁柱的保障，也无法有效对冲家庭风险。

与发达国家相比，我国高净值人群的资产配置仍处于初级水平，因此需要加强金融知识学习，借力专业机构，拓宽投资渠道，优化金融资产配置比例，以此来实现资产的风险性、流动性与收益性的有效平衡。

所谓金融资产的合理配置，必须满足以下几个标准。

1. 收益最大化。这是金融资产配置的最大目的。

2. 安全化、防范风险。寻找风险最小或较小者参与，风险较大者应设法规避。

3. 便利化。资产在需要时，要能够较顺利、方便而且很少受损地进行变现，以满足生活中对现金的需要。

4. 流动性。金融资产要求具有较好的流动性，要能够自由地从一种资产转换为现金。

如果以上四个标准产生冲突时，以收益最大化为根本目标，其次是安全性。再利用各种金融工具，如股票、债券、基金、保险和房地产等，根据个人目标和风险承受能力进行合理配置。通过合理的资产配置，实现财富的增值和传承。

在配置金融资产时，应考虑税收因素。合理利用税收政策和个人税务情况，进行合理的资产配置，降低税收负担。建议咨询专业的理财顾问或金融专家。他们可以根据个人情况提供专业的建议和指导，并帮助我们实现更好的财富管理和传承效果。

◆ 呵护健康：让保险成为守护家人的盾牌——保险的种类与配置建议

保险已经走进了大众视野，具体来讲，保险主要有两个方面的作用：一是保障，二是长期人生规划功能。保险也是一种风险分散和财务保障机制，通过购买保险，个人或家庭可以获得一定的风险保障和经济补偿。

对于普通人来说，保险在日常中比较好用的种类与配置建议有哪些呢？

一般常见的保险分为以下几种。

医疗保险，提供医疗费用保障的保险，包括住院费用、门诊费用、药品费用等。建议根据个人和家庭的需求，选择合适的医疗保险计划，确保在疾病或意外发生时能够得到足够的医疗保障。常见的医疗险有小额医疗险，一般保额在1万~2万元，专门用来报销治疗小病的医疗费用；百万医疗险，是报销住院经过医保报销后，剩余超过1万元的部分,剩余部分基本上可以全部报销,是医疗险里对普通人最有意义的;中高端医疗险,可以实现在特需部、私立医院甚至出国就医,属于比较小众,适合收入高、预算充足的人群配置。

重疾险,属于给付型保险,只要得了合同约定的疾病,保险公司会直接赔一大笔钱,一般有三种赔付标准,一种是确诊即赔,如恶性肿瘤;另一种是采取了特定治疗手段后理赔,如冠状动脉搭桥术;还有一种是达到某种状态后理赔,如脑中风后遗症。

人寿保险,为被保险人的生命安全提供保障的保险,如果被保险人不幸去世,保险公司将给予受益人一定的经济补偿。建议根据个人和家庭的需求,选择定期寿险、终身寿险等适合自己的保险计划。

意外伤害保险,为被保险人因意外伤害导致的身体伤害提供保障的保险。建议根据个人和家庭的需求,选择适合自己的意外伤害保险计划,以保障在意外发生时能够得到及时的经济补偿。

投资型保险,一种结合投资和保障的保险产品,通过购买投资型保险,个人或家庭可以获得一定的投资回报和风险保障。建议根据个人和家庭的投资需求和风险承受能力,选择适合自己的投资型保险产品。

养老保险,为被保险人退休后提供经济保障的保险产品。建议根据个人和家庭的需求,选择适合自己的养老保险计划,以保障退休后的生活品质和经济安全。

市面上的保险产品丰富多彩也纷繁复杂，各类保险都要结合自身的需求和家庭真实的收入情况。在保险配置方面总体保费的支出要感觉可承受，不能勉为其难，配置的险种要目标明确，买贵的也不能买错的。一般家庭的保险配置顺序是先大人，后小孩。大人买医疗险+重疾险+寿险+意外险+财产险，孩子买医疗险+重疾险+意外险。保费不应超过家庭年收入的10%，孩子应只占2%。

在保险配置方面，我们为客户定制服务过这样一个案例。

ZZ年龄35岁，资金规模200万元，流动性需求是6个月~1年内的高流动性，未来根据实际收益情况可能会追加，考虑最大回撤2%以内的风险承受，未来看情况调整风险承受能力。资产管理目标是流动性（6~12个月）+（1~3年），年化波动率5%以内，预期收益率在（4%-6%）+（6%-10%）。根据客户需求和目标管理，我们选择以短期和中短期方案相结合的方式来为客户设计符合其需求的定制化解决方案。投资方向选择二级市场，投资策略是短期－固收+中短期－中性。于是为客户配置了保险，选择了增额终身寿险和年金保险以及保险金信托。在为客户做好保险及保险公司筛选后，ZZ确认保险方案，进行投保。

保单成立后，与ZZ确认了保险金信托的架构与可装入资产，做好了所有权转移，形成了资产保全。

按照ZZ需求，对信托公司进行筛选，将筛选结果向ZZ呈现，在ZZ认可后，进行保险与信托公司的对接，设立保险金信托。

公司代表ZZ与信托公司进行交流。

保险金信托设立后，按照ZZ需求，确定家族受益人及分配方式。

保险金信托搭建完成。

公司对该保险金信托进行长期跟踪服务。

◆ 守护价值：金融资产之外的艺术品配置

金融之外的艺术品配置，可以理解为个人或企业将资产配置延伸到艺术品领域，也被称为艺术品资产，是基于能够为收藏者和投资者带来收益的、可以进行确权、估值与货币计量和流转的资产，包括但不限于书画、瓷器、玉器、雕塑、刺绣、家具、酒、黄金制品等。投资者除了关注艺术品的文化价值，更看重艺术品的财富承载功能。记得我前面说的财富容器吗？这里的艺术品其实也是不错的容器，只是要考验你有多高的技能去驾驭和使用这些容器。因为艺术品资产与其他资产的收益率关联不大，所以艺术品特别适合做家族资产组合配置的选项。

艺术品自身具有稀缺性、评估困难而价格波动相对较小的特点，这决定了它和其他金融商品的联动性非常小。在经济不景气、股市低迷的市场环境下，艺术品与其他金融产品相比也会有相对较长的缓冲期。

据了解，欧美发达国家投资客在自身的财产投资组合中，对文化艺术品投资占整个投资的20%，而国内一线城市目前仅为5%。

在西方国家，艺术品作为一种灵活的财富传承方式由来已久，在艺术品保护、传承和税收筹划等方面都具有其他渠道所不及的突出优势。随着我国经济进入高质量发展阶段，财富管理也更加多元化。艺术品作为一种资产的存在，因其价值功能和文化价值属性，被认为具有更高的保值和增值功能，也具有投资和传承价值。艺术品具有保值和稳定增值的属性，使它能够对冲整体资产中其他类型资产的负收益，从而平衡整体资产的收益，一定比例的艺术品配置对于超高净值家族整体资产的安全性有很好的保障作用。

由于艺术品市场的特殊性和复杂性，艺术品配置存在一些风险和挑战。

首先，艺术品的鉴定和评估是一个非常专业的领域，需要具备专业知识。其次，艺术品的价值波动较大，投资风险较高。此外，艺术品市场的监管和法律规范也存在不完善之处，可能给投资艺术品带来一定的风险。

在进行艺术品投资之前，需要了解艺术市场的趋势和动态，掌握不同艺术品的价值评估方法和投资回报率。这可以通过阅读相关书籍、参加艺术品展览和拍卖会等方式增加对艺术市场的了解。明确自己的投资目标，如是为了长期投资还是短期投机。同时，还需要确定自己的风险承受能力和资金实力，以制订合理的投资计划。投资者需要对艺术品有一定的了解和鉴赏能力，要掌握不同艺术品的风格、流派、作者等信息，并能够评估艺术品的价值和潜力。这可以通过参观博物馆、画廊和艺术展览等方式增加对艺术品的了解。

为了降低投资风险,建议投资者将资金分散投资于不同的艺术品和领域,避免过度集中于某一位艺术家或某一类型的艺术品。同时,也需要根据市场变化及时调整投资组合。建议投资者寻找可靠的经纪人或顾问,他们可以提供专业的建议和指导,帮助投资者做出明智的投资决策。

艺术品投资配置比例一般不能太高,要与个人收入相符合,一般配置艺术品占个人年收入的1%比较合理。一个人购买超过年收入10%的艺术品,对于资本雄厚的人可以,但对一般大众是不可以的,大众健康的资产配置是1%。

对于艺术品配置的风险抵御需要选对安全的平台,这样的平台具备几个条件:

1. 要有公信力。公信力产生的基础来自公开、公正、公平。

2. 要有相应的产业体系的支撑。对艺术品资产配置业务来讲要有确权、鉴定、评估、保险等市场体系支撑。

3. 要能与金融体系相对接。特别是与银行、信托、保险三大金融体系对接,建立完善的退出机制。

4. 要有专业的运营管理。

近年来中国已经成功跃居世界艺术品交易额榜首,但艺术品市场仍然十分混乱,真伪问题、鉴定评估体系和诚信机制的缺失等问题依然大量存在。

艺术品投资是一项高风险、高回报的投资方式,投资者需要保持冷静的心态,避免盲目跟风和过度投机。同时,也需要持续学习和提升自己的鉴赏能力和市场分析能力,以更好地把握艺术品市场的机会和风险。

艺术品收益目标很大程度上决定了艺术品配置的类型。如果为了保本或取得稳定收入,艺术品资产投资组织的比例便应选择价值已经稳定的艺术品资产;反之,如果投融资目标是资本的尽快增值,就应该更多地投资处于价值洼地的艺术品资产。

艺术品配置多数作为长期投资,最理想的艺术品投资方式是一种资金配置的概念,在资金紧张时可转让变现或者质押获取资金,同时可以传给下一代继续收藏,获取艺术品的最大增值,同时提升拥有者的修养与鉴赏能力。

第2节　财富传承,管理财富新视角

◆ 家族信托传承的功能与运用

财富传承是财富管理中的一个重要方面,主要关注如何将财富传递到下一代,同时确保财富的保值和增值。随着社会和经济的发展,管理财富的视角也在不断更新。如何有效地管理跨代的财富已成为重要的议题。这涉及如何制订合适的遗产计划、确保家族成员之间的和谐相处、保持家族企业的稳定等。

高净值人群对于财富的积累不但具备"创富"的智慧和战略眼光,更有"守富"及"传富"的意识。家族信托作为特殊的非银行财产管理制度,与银行、保险、证券构成了中国的金融四大产业支柱。在中国信托与银行业一同受到"国务院银行业监督管理委员会"监管,同时又受到中国的"一法三规"的法律保护。

在高净值人群眼中,信托是一种信用托付,也就是受人之托、履人之嘱和代人理财。信托的核心价值是通过设立信托,达到资产保护和增值。

例如,某高净值人士将资产转移给受托人,避免了资产因个人原因(如破产、诉讼等)而受到威胁,这就是资产保护。信托财产独立于委托人和受益人的个人财产,为资产提供了更高的保护屏障。

再如,某先生在信托文件中明确了财产的受益人和分配方式,确保了财富传承的顺利进行。他可以规定信托资产在未来的使用和分配方式,如逐渐分配给子女,确保子孙后代的福祉。

除了以上这两个关键的需求之外,税务优惠也是高净值人群的信托需求。信托结构可以帮助这些高净值人群减少一些财产税和遗产税的负担。通过灵活规划信托结构和传承计划,他可以最大限度地减少税务负担,并确保家族财富的可持续传承。

信托还是一种私密的财务工具,信托文件中的细节和资产信息不会公开披露,为家族成员提供了更高的隐私保护。

通过成立家族信托,高净值人群能够实现资产保护、财富传承、税务优惠和隐私保护等核心价值。这为家族财富提供了一个可持续、稳健的财务规划,并为未来的家族发展奠定了坚实的基础。

同时，家族信托还增强了家族成员之间的团结和协作，为家族长远发展做出了积极贡献。

家族信托的分类根据新的监管要求，将其划分为资产管理信托、资产服务信托和公益慈善信托三大类。这个分类的出台是为了进一步规范信托业务的运作，促进信托行业的健康发展。

1. 资产管理信托。资产管理信托是以资产管理为核心的信托业务，主要为客户提供投资、理财、风险管理等服务。在家族信托中，资产管理信托主要涉及资金池类家族信托，该类信托以资金管理为核心，为客户提供投资、理财、风险管理等服务。具体来说，资金池类家族信托可以根据客户的实际需求和风险偏好，为客户提供定制化的投资方案和资产配置建议，以满足客户在资金保值增值、财富传承等方面的需求。

2. 资产服务信托。资产服务信托是以资产服务为核心的信托业务，为受托人提供投资、理财、风险管理的服务。在家族信托中，资产服务信托主要涉及非资金池类的家族信托，该类信托以服务为核心，为客户提供定制化的财富规划、事务管理等服务。具体来说，非资金池类的家族信托可以根据客户的实际需求和偏好，为客户提供定制化的财富规划方案和事务管理服务。例如，为客户提供定制化的子女教育规划、婚姻规划、养老规划等服务；为客户提供定制化的财产规划、风险隔离、资产配置等服务；为客户提供定制化的家族治理、公益慈善等服务。

3. 公益慈善信托。公益慈善信托是以公益慈善为核心的信托业务,为慈善事业提供资金、管理、监督等服务的信托。在家族信托中,公益慈善信托主要涉及客户设立的公益慈善信托计划,该类信托计划以慈善事业为核心,为客户提供资金募集、资金管理、监督报告等服务。

在公益慈善信托方面,新监管也明确了其定位和作用。公益慈善信托可以帮助客户实现慈善目标和社会责任目标。在设立公益慈善信托时,受托人需要遵守相关规定和要求确保合法合规运作,并加强对捐赠人的监督和管理以确保捐赠资金合法合规使用和及时向社会公众披露相关信息等。

家族信托作为一种重要的信托形式,在高净值和超高净值家庭的财富管理、传承和风险管理方面具备独特的优势。家族信托不仅有助于实现财富传承,保护家族财富,避免不必要的风险,还能够解决家庭内部的争议,维护家族文化和传统,并在社会上发挥积极的示范作用。

因此,对于财富的守护与传承,家族信托将成为一个强有力的财富管理工具,将会受到越来越多高净值家庭的欢迎,将为家庭财富的可持续发展和社会公益事业的发展做出贡献。

◆ **私人银行和家族办公室**

在家族财富管理方面,还有两个常见的业务,一个是私人银行,另一个是家族办公室。

私人银行和家族办公室是财富管理领域的两种不同机构,它们的服务对象和提供服务的内容有所区别。私人银行是一种专门为高净值人士提供财富管理服务的机构。它们通常以客户为中心，提供包括投资咨询、资产配置、税务规划、财富传承等全方位的财富管理服务。私人银行的服务通常较为私密和个性化，客户可以享受到更为专业的服务体验。

我国私人银行即将进入注重规模效益与定制化创新相结合的发展阶段。同时，随着财富管理需求的变化以及私人银行业务的日渐成熟，超高净值家族客户也越来越倾向于，由"亲力亲为"转为适度选择专业财富管理机构进行管理，即越来越多的私人银行客户愿意将核心资产交到私人银行手中，全权委托私人银行专业团队运作其资产，通过设计投资组合、管理资产等一系列规划，实现资产的保值增值。

国内商业银行凭借庞大的客户群体和丰富的产品资源，在家族办公室业务的开展上具有天然的优势。家族办公室提供的产品和服务远远多于一般意义上的私人银行产品，可以满足客户更加多元化的需求，这也是私人银行定制化服务的必然发展趋势。

家族办公室则是一种更加综合的财富管理机构，通常服务于超级富有的家族。家族办公室不仅提供投资和财富管理服务，还涉及家族治理、家族企业咨询、家族传承规划等多个方面。家族办公室的目标是帮助家族实现财富的长期保值和增值，并确保家族的整体利益得到最大化的实现。

家族办公室最早起源于罗马时期的家族主管以及中世纪时期的

总管家，在西方国家受到青睐并广泛运用，被誉为西方国家高净值人士以及顶尖巨富人士的"首席运营官"。

家族办公室（Family Office）是主要为富裕家族管理财富的私人机构，其起源可追溯到19世纪。家族办公室可分为单一家族办公室和多家族办公室，单一家族办公室是为一个家族提供服务，而多家族办公室则允许多个家族共同使用。家族办公室的服务包括资产管理、投资决策、风险管理、税收规划、继承人教育等。

现代意义上的家族办公室有很多定义，最常见的是：家族办公室是助力家族财富传承、守护家族宪章、守护家族和谐与成员身心健康，提供全面、中立、私密服务的专业机构。

相较私人银行，家族办公室相当于家族的大管家，对家族的财富和事务有着很大的影响力和话语权。家族办公室与委托人会建立深切的信任关系，因为他们具有敏锐的投资眼光、开阔的投资视野和隐秘的操作手法正是家族办公室的标配。

在信托市场上，有不同种类的家族办公室，一般包括单一家族办公室、多家族办公室。单一家族办公室又细分为精简型、混合型和全能型。

精简型单一家族办公室是自己创建及管理的办公室，也多指服务某个家族的专门性工作室。独立于家族企业的富裕家族私人办公室通常需要家族资产在5亿美元以上，才能独立运营一家单一家族办公室。

中国市场上的家族办公室一般要考虑本土客户的需求：

1. 从财富增长角度看。在高端财富管理服务、高端个人或家族基金融资服务、高端家族资本市场服务、高端家族治理服务四个方面，发挥集合优势，在资产管理方面形成不可替代的核心竞争力，使客户得到财富管理、融资、投行与咨询等跨板块团队紧密合作所提供的高品质服务。

2. 发挥管家角色。在财务、税务、商务、法务等方面与专家资源和顶级机构合作，替客户把关，并甄选出优秀的专家团队。

3. 为本土的企业更多赋能。中国式家族办公室中尤其多家族办公室会通过组织大型客户交流活动，在分享最新投资趋势、宏观环境判断的同时，使企业家彼此相互交流，沟通各自的困惑与思考，形成更多的交换资源。

目前，中国式家族办公室的服务主要集中在以下几个方面：专业的资产配置、运营服务和风险控制、家族宪章的顶层法律架构设计、家族价值观的建立与维护，法律、税务、财会等专项服务、遗产规划和身份规划等。

在选择家族办公室进行财富管理时，首先要明确家族的财富管理需求和目标，如资产保值、增值、财富传承等。根据这些需求，评估家族办公室的服务范围和专长是否与之匹配。了解家族办公室的专业能力和经验，包括投资管理、税务规划、法律咨询等方面的能力。确保家族办公室具备满足你需求的经验和资质。家族办公室通常会处理高度机密的财务信息。这就要确保与家族办公室签订保密协议，并确保其具备严格的隐私保护措施。通过咨询其他家族或业内人士，了解家族办公室的行业声誉和口碑。这有助于了解其过去的业绩和信誉。确保选择的家族办公室符合相关的法律法规和监管要求，特别是对于涉及跨境财富管理的家族办公室。与家族办公室建立长期合作关系，通常需要时间和信任。了解家族办公室是否致力于与家族建立长期合作关系，并共同实现财富目标。

◆ 企业财富的管理和传承

目前改革开放已有 40 余年，第一代企业家大多已过了花甲之年，他们也都面临着企业财富的管理和传承。对于中国家族企业创始人而言，传承是一件既重要又紧迫的议题。

无论是罗斯柴尔德家族还是洛克菲勒家族，或者东亚的很多财团，家族企业的影响力不只在商界，还影响到了社会的各个领域。如果家族企业财富的管理和传承不到位，往往会出现"富不过三代"的境地。

企业财富传承是一个复杂的过程，需要综合考虑多种因素。首先，需要明确财富传承的目标，并制定长期规划，包括家族企业创始人希望在何时以何种方式将财富传承给下一代，以及如何确保企业的持续经营。了解家族成员对企业和财富的看法，以及他们的能力和兴趣，这将帮助创始人决定谁将是合适的继承人，并制订相应的培训和发展计划。在家族企业传承的过程中，需要建立家族办公室，负责监督家族财富的管理和传承，以确保能进行科学有效的投资策略、税务筹划和风险管理。

守住你的财富

家族企业财富传承的案例很多,例如:

三全食品是由陈泽民夫妇创立的速冻食品企业,传承至今已经三代。在传承过程中,家族成员不断推动企业创新发展,同时注重人才培养和团队建设,使得企业得以持续壮大。

新希望集团是由刘永好兄弟创立的综合性企业集团,传承至今已经四代。在传承过程中,新希望集团注重规范化管理和人才培养,同时不断拓宽业务领域,实现了家族企业的顺利过渡和持续发展。

福耀玻璃是中国最大的汽车玻璃制造商,其创始人曹德旺先生注重家族传承和企业社会责任,将家族企业治理得非常成功。在传承过程中,曹氏家族成员积极参与企业管理,同时注重技术创新和品牌建设,使得福耀玻璃成为行业内的佼佼者。

华为是一家全球性的信息与通信技术解决方案提供商,其创始人任正非先生注重科技创新和人才培养。在传承过程中,华为实行了股权激励计划和轮值CEO制度等现代企业管理制度,实现了家族企业的顺利转型和升级。

家族企业传承也面临着一定的风险:

1. 婚变风险。婚变导致的分家破产是家族企业财富传承主要的风险之一,婚变不但引起财产分割、财富缩水,还会因内斗而被外人乘虚而入。

2. 家企资产混同风险。企业如果不能公私分明,企业财产和家族成员财产混同,将会给企业带来巨大的隐患。

3. 税收风险。不同财富形式的转移，如房产、金融资产、股权等涉税政策也不同，家族企业及相关继承者、被继承者都可能存在不同程度的税务风险。

4. 遗嘱风险。有许多企业家将财富传承等同于财产继承，单靠遗嘱进行传承，将无法使财富安全、有效地进行传承。

因此，在家族企业传承的过程中，既要提前做规划，找相关专业的机构进行综合考量，又要时刻警惕可能存在的风险。要做好财富与企业传承，需要在专业机构和人士的帮助下系统筹划，借助婚姻财产协议、赠与协议、公司章程、股东协议、遗嘱、保险、信托、基金会等工具搭建传承结构，构筑传承体系。在漫长的岁月里，让家族企业持久发展。

第3节 财富保护的法律和风险意识

◆ 个人和企业的涉税风险

不论是个人财富的管理还是家族财富的传承，都不可避免会涉及国内和国外的税务问题。

站在财富拥有者的立场看，一般希望负担的税务越少越好，但是，不能为了节税而触犯法律。

守护财富中，个人和企业的涉税风险是一个重要的问题。以下是一些可能面临的涉税风险：

税收法规经常发生变化，如果个人或企业未能及时了解和遵守新的规定，可能会导致税务违规和罚款；

不合理的税务筹划可能导致税务机关对个人或企业的税务进行重新评估，甚至可能被视为避税或偷税行为；

在某些情况下，个人或企业可能没有办理必要的手续或文件，如税务登记、报税等，这可能导致税务问题；

对于涉及跨境交易的个人或企业，可能面临复杂的税收问题，如双重征税、税收抵免等；

个人或企业可能存在隐蔽的税务问题，如未报告的收入、不合规的扣除等，这些问题可能导致税务罚款和处罚。

实际上，在守护财富、传承财富的过程中，也是一个集法律、税务和家族关系于一体的综合课题，税务在家族财富传承中有着至关重要的意义，税务风险贯穿初始投资、经营管理、财富保值增值以及财富继承等诸多过程，处理不当会给企业和家族带来诸多风险与不必要的损失。

随着大数据时代的来到，税务机关税收征管手段也在不断升级，运用强大的大数据共享、数据分析能力以及自动税务监管能力，税务机关能够实时取得纳税人全方位的涉税信息并开展风险分析筛查。高收入人群、高净值人群如果有恶意逃税行为的将不再处于税收监管的灰色地带。因此，需要谨慎地对待个人税务和家族企业税务申报，积极纳税，若因疏忽被税务机关列为严重失信的当事人，可能面临很多麻烦。

企业需要加强合规管理，做好内控，防范可能的风险。如果有潜在的逃税风险，如两套账、阴阳合同等，企业需要尽早行动，对自身的重大涉税风险进行评估并与专业人士沟通风险可控的应对措施。

另外，企业发展过程中，高净值人群往往忽略了个人财富与企业经营所得之间的隔离问题，长期出现私有财产与企业财产混同。这种情况轻则面临民事责任，重则面临刑事风险。

如何合法合规做好税务筹划，是很多高收入人群亟待解决的问题。首先高收入群体要重视合规纳税，可以通过专业人士的指导和推荐综合方案，选择税负较低的投资产品，或者通过信托、保险等金融工具，统筹做好财富管理和财富传承税务规划，让自己手中的财富保值增值。

◆ **财富管理和传承面临的法律风险**

很多高净值人群虽然创造和积累了巨额的财富，但被各种各样的担忧和焦虑困扰，他们也面临着一系列的财富法律风险。财富的安全问题，是困扰高净值人群的难题。他们对自己通过不断打拼创造和积累的财富，严重缺乏心理上的安全感和外部环境上的保障。

财富管理和传承面临的法律风险多种多样，以下是一些常见的风险：

1. 婚姻风险。当前，我国离婚率持续走高。对于高净值人群而言，其自身的婚姻变化，就是一个巨大的财富风险。婚姻关系的变化可能导致家族财富的分割，引发家族财富缩水。为了减轻这种风险，可以考虑签订夫妻财产协议，以排除夫妻财产共同所有制的适用。例如，某科技公司股东冯某在与妻子离婚时，将其所持的5 379.75万股分割给了前妻，占上市公司总股本的6.73%。以当时的股价计算，前妻获得的股票市值达到14亿元。在股权交割后，冯某持有的公司股份数量还不及前妻。

2. 继承风险。高净值人群的财富传承，是从创一代传到富二代，由于两代人生活背景和观念的差异，对于家族企业和财富管理的目的、方式和未来规划都可能产生分歧。在财富传承过程中，如果没有明确的继承人，可能会导致继承纠纷。为了降低这种风险，可以制订合理的规划和继承计划。

3. 遗产税风险。现在大部分国家开征了遗产税，我国未来也难免会征收遗产税。税收法规的变化会越来越透明化，个人或企业的税务问题可能会对家族财富产生影响。为了避免这种风险，应该了解税收法规，合理规划税务问题，并确保税务合规。尤其基于所得税透明化，所得税的改革细则将很快出台，持有资产的透明化，将预示着对房地产税、遗产税以及赠与税的开征具备基础。

4. 经营债务风险。高净值人群通常拥有自己的企业，而在企业经营过程中，可能会因各种原因产生债务，如银行贷款、供应商欠款等。如果企业债务过多，可能会对个人财富造成压力，甚至影响企业的正常运营。高净值人群有时会为他人或企业提供担保，如为亲友贷款提供担保、为企业提供担保等。如果被担保人违约或企业经营出现问题，高净值人群可能需要承担连带责任，面临巨大的债务压力。

5.资产代持风险。在资产代持的操作过程中，涉及资产的转移，会面临增值税、印花税、所得税等名目的税收问题。如果处理不当，可能会引发税务部门的调查和处罚。如果代持人发生婚姻变故或死亡等情况，其资产可能会面临被代持人的继承人继承的风险。如果实际所有人希望将资产保留给自己或其指定的继承人，则需要注意采取相应的措施来规避这种风险。如果被代持人将代持的资产用于非法用途，如洗钱、恐怖主义资金等，可能会给实际所有人带来法律风险和声誉损失。因此，需要确保被代持人了解并遵守相关法律法规和道德规范。

◆ 聘请家族财富律师的必要性

家族财富律师是指专门从事家族财富管理相关法律事务的律师。他们专注于为客户提供与家族财富管理、传承和保护相关的法律服务，包括但不限于婚姻财产规划、子女教育规划、税务筹划、家族信托设立与运营、继承规划等方面。家族财富律师通过制订综合性的法律方案、提供专业的法律建议和代理家族成员处理相关事务，来帮助家族实现财富安全、保值与增值，以确保家族财富的顺利传承并维护家族的和谐与稳定。

一位家族律师可以帮助整个家族做以下事务：

家族律师可以提供专业的法律咨询，帮助家族成员理解在财富管理、传承和保护等方面的法律风险，并提供合适的法律规划建议。

通过合理的法律安排，家族财富律师可以帮助家族成员防范和处理各种可能影响财富安全的法律问题，如继承、税务、债务、婚姻等。

律师可以帮助家族成员制订合适的传承计划，确保财富能够按照家族的意愿和目标进行传递，同时避免潜在的法律争议。在家族成员与商业伙伴、金融机构或其他方发生纠纷时，律师可以代表家族成员维护其合法权益。这就能促进家族内部的和谐与稳定，避免因财富问题引发的家族矛盾。

通过与税务顾问的配合，律师可以帮助家族成员合理规划税务，降低税务风险，并有效利用税务优惠。

在处理家族财富问题时，律师需要确保家族的信息安全与隐私保护，防止敏感信息泄露。

律师可以协调家族成员与会计师、投资顾问、信托公司等其他专业人士的关系，确保各方在共同服务家族时能够高效协作。

对于涉及跨境、跨领域或高度复杂的法律问题，具有专业知识和丰富经验的律师能够提供更加全面和专业的解决方案。

选择一位经验丰富且专业的律师，能够在长期内为家族提供稳定的服务，确保家族财富的管理和传承得到持续的法律支持。

所以，许多高净值人群的企业，都拥有外部律师作为企业的法律顾问。家族私人律师虽来源于西方，但随着社会的进步和法治的发展，家族私人律师将会越来越多地介入公民及家庭的生活，为更多需要财富管理和保护的人提供支持。

第八章
财富的背面：富有且快乐的活法

第1节　淡泊物欲内心丰盈

◆ 淡泊知足才是真正的富有

俗话说，凡事忌满，月满则亏，水满则溢，人满则骄。因此，半贫半富半自安，半命半天半机遇，半取半舍半行善，半智半愚半圣贤，半醒半醉半自在，是人生最好的状态。为人处世过生活，追求财富和欲念，任何事都离不开"分寸"二字。一旦掌握了其中的平衡守则，也就找到了真正的财富。在我看来，真正的财富是我们内心的富足。内心一旦富足，就会找到那种"我喜欢，我擅长，美好地活着"的境界。

真正的财富从心头来，真正的富足也不能仅以物质来衡量。人可以穷，心不能穷，让心里的能源，取之不尽；让心里的健康，用之不竭。我们不一定要在心外寻找财富，真正的财富，应该是内心源源不断的能源。人们追求财富，是为了更好地生活。然而，真正的财富并非外在的金钱与物质的堆砌,而是内心的满足和充实。

每当我们做一件事情,我们都要先问问自己,我们最终能得到心灵的富足吗?同时我们要把心灵的富足和虚荣心的满足区分开来,心灵的富足是长久的,而虚荣心的满足是临时的。人们互相斗富,今天你开宝马我就买奔驰,你戴浪琴我就戴劳力士,超过别人获得一时的满足,这是虚荣心的满足。虚荣和好面子就会追求外在的富足,只在乎表面的光鲜,结果弄得自己苦不堪言。

为世界创造了"苹果禅"神话的乔布斯,他真正的财富并非表面上数不清的财富,而是他内心的富足。

年轻时的乔布斯曾有过一次印度精神之旅。乔布斯对东方精神、印度教、佛教禅宗以及探寻个人启蒙怀有浓厚兴趣,并不是一个青年的心血来潮。纵观他的一生,始终追随并遵循着许多东方宗教的基本戒律,比如对"般若"的强调——通过精神的集中而直观体验到智慧和认知。多年之后,乔布斯坐在自己位于帕洛奥图的花园中,回想起了那次的印度之旅对他的深远影响:

"我回到美国之后感受到的文化冲击,比我在印度时感受到的还要强烈。印度乡间的人与我们不同,我们运用思维,而他们运用直觉,他们的直觉比世界上其他地方的人要发达得多。在我看来,直觉是非常强大的,比思维更加强大,对我的工作也产生了很大的影响。

"在印度的村庄待了7个月后再回到美国,我看到了西方世界的疯狂以及理性思维的局限。如果你坐下来静静观察,你会发现自己的心灵有多焦躁。如果你想平静下来，那情况只会更糟，但是时间久了之后总会平静下来，心里就会有空间让你聆听更加微妙的东西——这时候你的直觉就开始发展，你看事情会更加透彻，也更能感受到现实的环境。当你的心灵逐渐平静下来之后，你的世界会极大地延伸，你能看到之前看不到的东西。这是一种修行，你必须不断练习。"

乔布斯有位导师，即《禅者的初心》一书的作者铃木俊隆，他管理着旧金山禅宗中心，每周三晚上他会在那里开讲座，并和一小群追随者一起冥想。

一名成功人士，需要有强大的心理定式及内心力量，乔布斯从禅宗的修行中获得了这种力量。

所有的物质利益和社会地位，都是预期之内的稀缺性资源。对于稀缺性资源，往往是一个人得到了，另外一个人就会缺乏。但是，意外和惊喜，则互不冲突，是所有人都可以共赢的。因此，只要经常保持觉察，不断体会到意外和惊喜等高峰体验，并在这个过程中通过与人合作创造出财富，那么就能保证个人的可持续性发展。

用健康的心态创造财富，用知足的心态享受财富。

◆ 财富有舍才有得

在现实社会中，我们都乐意做"加法"，不断地给自己的生活加分，比如积累知识、积累财富、积累人脉等，而不善于或拒绝做

"减法",让生活过得非常沉重和劳累。其实人生的最高境界是"花未全开月未圆",不要去苛求尽善尽美,要舍弃一些东西,给人生留一些思考的余地。

舍得既是一种处世哲学,也是一种做人做事的艺术。舍与得的关系,就如同天与地、阴与阳、水与火一样,是既对立又统一的矛盾概念,相生相克、相辅相成,出乎天地、入于心间。看似简单,实则囊括了万物运行的所有规律。

60多年前,在世界反法西斯战争的胜利凯歌中,以美国总统罗斯福为首的几个战胜国领导人几经磋商,决定在美国纽约成立一个协调处理世界事务的机构——联合国。消息传出,美国著名财团洛克菲勒家族立即召开了家族会议,并在最短时间内筹资800多万美元在纽约买下了一块地皮,然后将其无条件地赠送给了这个刚刚挂牌、资金非常短缺的国际性组织。与此同时,洛克菲勒家族还斥巨资,在这块地皮周围买下了更多的地皮。

对此,很多人认为这是洛克菲勒家族"烧包"、故作大方、沽名钓誉,甚至有人认为这是"蠢人之举"。但出人意料的是,联合国大厦刚刚竣工,与之毗邻的地皮便开始迅速升值。洛克菲勒财团瞅准时机,将地皮或转手或自行投资,在很短时间内就赚取了数亿美元的财富。

洛克菲勒家族的先予后取之道,可谓名利双收,堪称商界经典。对于普通人来说,虽然很难有如此大手笔的赚取财富的手段,但遵循"欲先取之,必先予之"的原则,终归没错。所谓"有舍才有得",一味地以自己为中心,时时处处为自己打算,甚至把自己的获得建立在损害他人利益的基础之上,这样不仅会让自己离目标越来越远,还会使人际关系恶化,最终被人孤立、受人鄙视。但是,只要我们敢于"反其道而行之",先行一步把对方想要"取"的主动给予他,这样自然也会获得对方的认同以及相应的回馈。

"舍"的真正含义就是通过"给予""得到",是把更多的金钱带进自己生命的强效方法,因为在给予的时候,你等于是在说:"我有更多。"所以,当你知道世界上有些有钱人都同时是慈善家时,你不会感到惊讶,他们捐出庞大的钱财之时,依据吸引力法则,财富也会向他们涌来。

生活中的很多财富都是这样,舍出去越多,回馈的也越多。

舍得也不仅仅是先付出、后得到那么简单。南怀瑾老先生说过,宇宙的道理不过是一加一减,人生需要做加法,也要做减法,也即我们常说的有取有舍。

◆ **不完美也是财富**

在追求财富的道路上,我们常常对自己也对别人说"知足常乐"。事实上,现如今,知足的人越来越少了,有了小康要奢侈,有了房子要别墅,有了车子要飞机,有了工作想换更好的,有了钱想赚更多的钱……这些欲望,驱使着人无休止地奔波劳碌,硬撑着去争取登上那"遥不可及"的顶峰。这样,反而让快乐和幸福在追逐忙碌中消失。

生活中，总有一些事是不尽如人意、无法逆转的，对于这些，我们明知摆脱不掉，倘若依旧耿耿于怀，就会更加痛苦。让我们善待生命中的缺点，以宽容之心面对自己，以豁达之心面对生活，其实，微小的缺点也美，有了不完美才是真完美。因为人生中的不完美，让我们觉得生活是真实的。所以，不完美也是一种财富。

我们每个人都不可能拥有完美的人生。因此我们唯一能做的，是拥有纵有疾风起，也能闲看风起云涌的豁达心灵境界。把不完美看成一种砥砺和鞭策，这是我们每个人要修的人生课题。

对于财富也是如此，无论我们活着时拥有多少财富，死后也无法带走一分一毫。因为我们，终不过是红尘的一过客而已。

正如一位中国诗人所说："苍田青山无限好，前人耕耘后人收；寄语后人且莫喜，更有后人乐逍遥！"可见，人生没有最好，有的只是比较过后的更好。因此，对于人生，我们完全可以抱着轻快、随意的态度去度过。

当我们接受了"不完整性"是人生的一部分时，当我们在人生之路上不断前进并学会欣赏生命残缺之美时，我们就获得了完整的人生。

如果我们有足够的勇气去爱，有足够的底气去原谅，有足够的宽容包容和感恩惜福之心，能因别人的快乐而快乐，那么我们就能发现身边充满着爱，如此我们就能得到其他生命得不到的一种满足感，而这种满足感就是财富。

第2节　富有的身体与灵魂

◆ **知识和能力是个人财富**

知识和能力是个人财富的重要组成部分。在现代社会，知识和能力已经成为人们在社会中立足和发展的关键因素。

首先，知识是个人财富的基础。通过学习知识和技能，人们可以获得更多的机会和选择，提高自己的就业能力和市场价值。同时，知识也可以帮助人们更好地理解世界，做出更明智的决策，提高自己的生活质量和幸福感。

其次，能力是个人财富的体现。能力包括各种技能和能力，如沟通、团队合作、创新思维、解决问题的能力等。这些能力可以帮助人们更好地与他人合作，应对挑战和机遇，提高自己的工作效率和创造力。

最后，知识和能力的结合可以创造更大的个人财富。通过将知识应用于实践中，人们可以提高自己的能力和技能，进而获得更多的机会和资源。同时，能力的提升可以帮助人们更好地学习和掌握新知识，形成一种良性循环。

有人开玩笑说，如果把比尔·盖茨从美国抓到非洲，并且不给他一毛钱用，但相信很快，他还是会成为有钱人，因为他靠的并不是钱，而是他头脑里的知识和他所具备的能力。这说明，投资自己的头脑，是最安全且不会过期的，什么时候都能够东山再起。

但有的人并不同意这种观点，他们有钱后不会投资自己的头脑，而是及时享乐，以致头脑空空，在危及来临时只能承受，毫无还手及东山再起的勇气与智慧。

曾看过一篇文章，里面说"只有当你把时间花在提升自己、踏踏实实赚钱的时候，你才会远离一切浮躁和矫情。因为那些又忙又有钱的人，绝不会把时间花在无用的情绪上"。

其实，我们无论是在学习关于财富的知识，还是有意识地去建立人脉、在交往中训练自己的财商，事实上我们都是在与同频的人建立联结，对方接收到了你的能量，你也带给了对方价值，彼此都有收获。

时至今日，财富无论是以何种形式存在，金银、珠宝或纸币等，其实都承担着联结的功能。而这种联结功能，不仅能够扩大我们自身财富的容器，亦能使我们在满足自身需要时不再受到限制。

财富"通用性"的最终目的，仍然是让我们把"自己的劳动"和"别人的劳动"相互"联结"起来，从而让我们能够以"更大的财富承载"的方式生存。

我们每个人都要放大自己的格局去联结周围的一切，并且怀着对财富的崇敬与渴望敞开自己的心扉，来真正扩大自己的财富格局。

◆ 有关注圈也努力成为影响圈

我们每个人都有自己格外关注的事物，这些都处于我们的关注圈内，而在这个圈内我们能真正影响并掌控的事物，则又处在我们的影响圈内。财富的积累和管理既离不开关注圈，又要兼顾影响圈。

既有关注圈也努力成为影响圈是一种积极的生活和工作态度。关注圈是指人们关注的问题或领域，影响圈则指人们能够影响或改变的问题或领域。关注圈可以让人们了解自己感兴趣和关心的问题，帮助人们发现机会和挑战。通过关注圈，人们可以了解社会的变化和趋势，掌握行业的发展动态，为自己的职业发展做好准备。

影响圈则强调个人能力和行动的重要性。通过发挥自己的能力和专长，努力解决问题，改变现状。每个人通过努力都能成为影响圈的一部分。影响圈可以帮助人们建立自信和成就感，提高自己的社会地位和影响力。

既有关注圈也努力成为影响圈，意味着人们不仅要关注自己感兴趣的问题和领域，还要通过自己的努力和能力去影响和改变这些问题和领域。这需要人们具备良好的分析和判断能力，同时还需要具备创新思维和行动力。

要保持对世界的好奇心和求知欲，不断学习新的知识和技能，了解社会和行业的动态与趋势。同时，要关注自己感兴趣的领域和问题，深入了解和思考，形成自己的见解和判断。

在自己的关注圈内建立良好的口碑和形象，通过努力工作展示自己的能力和价值。同时，要积极参与社会活动和公益事业，提高自己的社会影响力，建立自己的影响圈。

积极与他人交流与合作，建立广泛的人际关系网络。通过与不同领域的人交流和学习，可以拓宽自己的视野和思维方式，同时也可以发现更多的机会和资源。

关注社会问题和弱势群体，积极参与公益事业和社会活动。通过为社会做贡献，来提升自己的社会责任感和使命感，同时也可以获得更多的认可和支持。

◆ 心理健康和身体健康都是财富

我们常说一句话，没啥别没钱，有啥别有病。英语里也有一句谚语：健康是最大的财富。所以，心理健康和身体健康都是财富。

一位著名的经济学家曾提出过一个共识：健康等于1，只有拥有健康，人才可以去努力工作，去创造财富，去享受生活。

健康的身体能够让人享受生活中的美好，而健康的心理能够帮助人应对生活中的挑战和困难，让人更加乐观和自信。

无论在哪个领域，成功的关键因素之一就是身心健康。健康的身体能够让人有足够的精力和耐力去面对工作中的挑战，而健康的心理则能够让人保持清晰的思维和稳定的情绪，有助于人们做出正确的决策和判断。

人只有处在生死临界点的时候才会发现，除了健康和平安，自己所追求的一切，包括车子、房子、票子等，都是浮云。

因此，守护我们的健康 = 赚取财富。

相比人生更长的岁月，到底是钱有用，还是人有用，这笔账不难算。

只是，钱财面前，我们都有点贪，身后有余忘缩手；只是，疲劳疾病面前，我们都有点侥幸，认为小概率事件找不到自己身上。正是这种想法：让很多人陷入了一种恶性循环：越是加班，越是忙，就越能看到近在咫尺但还没到手的钱财。就这样在不知不觉间把自己的身体累垮了。

其实，健康地活着就是赚了。

活到40岁，你就可以赚到了爱情，说不定还能赚到好几个孩子；

活到60岁，你就可以赚到亲情，实现与爱人执子之手与子偕老的梦想；

活到80岁，你就赚了一辈子，能够看到儿女的成就，享受子孙的绕膝之欢；

活到100岁，你就赚到了全世界的羡慕，你成了百岁老人。

而要想活得健康、长久，就要在平时注重身心灵的修养和锻炼，为此，可以每天试着去跟着舒缓的音乐来一段自我冥想和疗愈，让身心灵得到放松。可以选择一个安静的空间，让自己躺下来或安静地坐下来。或者在一个安静的空间，以最舒适的姿势坐好，然后进入冥想状态。当我们闭上双眼，外在的一切都与我们无关。此时我们将所有的关注力收回来，放回到自己的心间，观照自己的内心，我们不仅仅是这具肉身，也不仅仅是身份证上的那个名字，而是身心灵的集大全者。我们通过自己的身心灵，来全力感知这个世界。

如果每一天我们都能拿出一部分时间来给自己的心灵做一次清扫，那么我们的身体和心灵就会同频。当我们闭上双眼，就是在有意识地放空头脑中的一切，就在此刻，给自己关爱和滋养，这就是冥想的神奇之处。

除了冥想，我们还可以亲近大自然，当进入大自然后，我们就会发觉自己的渺小，从而让自己平静下来，不再因为一点点小事去计较和纠结。

当我们的身心都很健康的时候，我们的能量就会特别充足，我们也会因此而吸引到源源不断的美好的人、事、物，创造出无限的财富。可见，身心健康，就等于财富。

第3节　拥有别人拿不走的财富

◆ 感恩的能力离财富最近

财富除了金钱这个有形的形态之外，大部分是无形的，其中感恩这种无形的能力离财富最近。

曾经有一位富人在总结自己的成功经验时说过这样一句话："是一种感恩的心情改变了我的人生。当我清楚地意识到我没有任何权利要求别人时，我对周围的点滴关系都怀抱强烈的感恩之心。我要竭尽全力地回报他们，让他们感到快乐。结果，我不仅工作得更加愉快，所获得的帮助也更多，工作越来越出色。因此，我很快获得了公司升职加薪的机会，财富也随之而来。"

我们每个人都有遇到困难的时候，在我们遇到困难的时候能够帮助我们的人，都是我们生命中的贵人。对于这些帮助过我们的人，要常怀感恩之心。而且无论在任何时候，我们都要明白，一个懂得感恩的人，才会拥有更多的财富。

我们每一个人在一生当中，与家人、朋友、同事等建立关系，这都是积累财富的最好途径。如果我们对他们常怀感恩之心，就等于是敞开了财富的大门。就像毕淑敏讲的那样，每一个人都要是一个心存感恩又独自远行的人，知道谢父母，却不盲从；知道谢天地，却不自恋；知道谢朋友，却不依赖；知道谢每一粒种子、每一缕清风，也知道要早起播种和御风而行。这种人，无论男女，内心一定是笃定和强大的。他/她感恩当下，又有远方，知道自己的方向。

感恩不是完成一项任务，不是证明一个道理，不是体现一种风格，而是发自内心地意识到自己的富足，发自内心地体悟到：人生一世，我所获得的远远大于我能付出奉献的。感恩是欢喜之源！

一个人一旦意识到自己的富足，就会由内而外散发和流淌一种淡定和从容，表现在外就是不急不躁、不争不抢，这样的人，即使偶尔遇到挫折和不顺利也会用另一种观点看问题，从不怨天尤人，也不把责任和过错推到别人的头上。这是另一种爱自己的表现。

充满负能量的人，特别喜欢抱怨，抱怨生不逢时，抱怨嫁错娶错了人，抱怨不该生孩子，抱怨没有早一点离婚，甚至抱怨来到这个世界上。越抱怨，体内积聚的负能量就越多，也就越无法拥有幸福的生活。

心生感恩就会引来财富，这个财富不仅仅是内心的从容与安宁，还有外在的气场与吸引力。

守住你的财富

有一个作家出差时无意中坐了一辆非常有特色的出租车。这辆出租车的司机穿着干净，车里也非常干净。作家刚刚坐稳，就收到司机递来的一张精美卡片，上面写着："在友好的氛围中，将我的客人最快捷、最安全、最省钱地送达目的地。"看到这句话，作家来了兴趣，便和司机攀谈了起来。

司机说："请问，你要喝点什么吗？"作家诧异："这辆车上难道还提供喝的吗？"

司机微笑着说："对，我不但提供咖啡，还有各种饮料，而且还有不同的报纸。"作家说："那我能要杯热咖啡吗？"司机从容地从旁边的保温杯里倒了一杯热咖啡给这个作家。然后又给了作家一张卡片，卡片上是各种报纸的名称和各个电台的节目单。

作家很震惊，但他既没有看报，也没有收听节目，而是和司机攀谈了起来。交谈中司机还善意地询问这个作家车里的温度是否合适，离目的地还有条更近的路是否要走。作家觉得温馨极了。

司机还对作家说："其实，刚开始的时候，我的车并没有提供这么全面的服务。我像其他人一样，爱抱怨——糟糕的天气、微薄的收入、堵车严重得一塌糊涂的路况。抱怨让我的生活过得很糟糕。后来，我为了改变这种糟糕的生活，就跟着一位老师学习感恩不抱怨的课程，开始让自己改变。

"第一年，我只是微笑地对待所有乘客，我的收入就翻了一倍。

"第二年，我发自内心地去关心所有乘客的喜怒哀乐，并对他们进行宽慰，这让我的收入更加翻了一番。

"第三年，也就是今年，我让我的出租车变成了全美国都少有的五星级出租车。除了我的收入,上涨的还有我的人气,现在要坐我的车,都需要提前打电话预约。"

通过上述这个故事我们不难发现,当一个人无论做什么、从事什么职业,只要他学会了只感恩不抱怨,那么他的路就会宽阔起来,无论走到哪里都带着满满的正能量,让别人舒服的同时,也让自己从内到外富足。

我们看到许多人都怨天尤人,好像自己的不幸都是别人带来的,可是却不知道,一切都是自己造作的结果。因此,常怀感恩心,是让自己不再抱怨,开启幸福、富足生活的密码拿不走的财富。

◆ 知足的人最富有

有句古话叫"人心不足蛇吞象",与之对应的则是"人若知足天地宽"。在日常生活中,我们很多人希望一切都能够好上加好,最好能够十全十美,但现实是,很少有人会好上加好,更不会十全十美,人生总会有这样或那样的缺憾,这就是生命的实相,所以知足最重要。并且,祸福相依、物极必反,如果不知足,又怎么能拥有快乐呢?

老子说:"知足不辱,知止不殆,可以长久。"知道满足的人就不会遭到困辱,知道适可而止的人就不会遇到险恶,这样人的名誉与利益才可以长久保持。

但是我们生活的这个时代,最缺的就是知足的心态,我们每天被各种欲望驱使着,疲于奔命,总觉得时间不够用,钱不够多,地位不够高,成就不够大,几乎所有的事都觉得不足。实事求是地说，一定的不足感可以激发人们向上的积极性，但过多的不足感则会让我们的生命品质和体验越来越差，即使获得再多也总感觉不足，对满足的感觉越来越麻木。

不过，知足不等于没有追求，拥有知足的心态并不会使我们停下前进的脚步。可以说它有一种自我觉察，在我们聚焦长远目标的同时，可以帮助我们发现当下身边的美好。怀着知足的心态，你会发现，虽然自己离目标有点远，但自己却是幸福的。比如，父母的支持、朋友的鼓励、爱人的相伴以及健康的身体。因此而言，生活美不美好，从某种程度上讲，是看你懂不懂得知足。

你吃你的山珍海味，我不眼馋；我吃我的粗茶淡饭，我就感到味美香甜。你穿你的高档名牌，我不羡慕；我穿我的布衣麻衫，我就很喜欢。你开你的高档轿车，出入高级会所，光顾豪华健身房，打高尔夫，我不忌妒；我骑我的自行车，出入花草鱼虫市场，闲来约几个"驴友"爬爬山、游游泳、过过田园生活，我也乐得逍遥自在。你做你的高官、总裁、董事长、总经理，我不羡慕；我做我的农民、工人、普通工作人员，不操那么多心，我就满足。这就是美其食、任其服、乐其俗，高下不相慕。只有这样，才能保持一种内心平衡的满足感，拥有一个健康的心态。

很多时候我们不是为自己活着，而是为"面子"而活。人的烦恼，多数并不是缘于缺少什么的不满足，而是因为"别人比自己好"的不平衡。所以，我们要学会用知足的心态面对生活，明白每个人的幸福各不相同。

人最大的幸福是知足，是珍惜当下的生活，珍惜自己的工作、家庭、朋友和圈子。不要羡慕别人也不苛求完美,你讨厌的也许是别人正孜孜以求的。比如,你讨厌的生活,可能正是别人渴望得到的;你感觉到的单调,可能正是别人向往的浪漫。当你苦于薪酬太低、讨厌朝九晚五、枯燥单一的工作时,那些你羡慕的、飞来跑去的大老板、大领导,也正在讨厌着他们应酬不完的酒席和开不完的会议,疲惫得日日难安,紧张得夜夜失眠,他也正感慨没有你这规律而又平静的生活;当你苦闷于感情不和、夫妻争吵的时候,还有人羡慕你有家有爱,争吵正是人间最好的烟火气呢;当你还是学生,渴望长大、盼望毕业、希望早些工作时,你羡慕的那些过早踏入社会创业成功的人士,多么希望像你一样,再回到学校,静静地坐在课桌旁,无忧无虑地读书呢。

因此,当我们学会了知足,生活才会变得意义,我们也才会看山山美,看水水美,不再被欲望束缚,也不会因得不到而心生烦恼,这就是一种财富。

◆ 生命情感和财富:利他就是利己

财富来自利他是一种哲学和价值观,认为财富的创造和积累不是仅为了自己的利益,而是要通过利他的方式来实现。这种观点强调了个人和社会之间的相互关系,以及个人在追求自身利益时应考虑社会和他人的福祉。

一方面,利他的行为可以帮助个人建立良好的声誉和信誉,从而获得更多的机会和资源。通过帮助他人和为社会做贡献,个人可以赢得他人的尊重和信任,这种信任关系可以为个人带来更多的合作机会和商业伙伴。

　　另一方面，利他的行为也可以促进社会的进步和发展。当个人不仅关注自身的利益，而是将资源和精力投入到社会公益事业中时，可以推动社会的进步和发展，同时这种进步和发展反过来又可以为个人带来更多的机会和财富。

　　然而，利他的行为并不意味着无条件地牺牲自己的利益。在追求利他的过程中，个人也需要注意自己的利益和福祉。平衡个人利益和社会利益之间的关系，实现双赢的结果才是最好的状态。

　　要想自己获利，首先必须先"利他"，换言之，只有优先实现别人的利益自己的利益才能被实现。无论是企业的利他还是个人热心参与公益活动，为需要的人送去支持，都体现出使他人获益自己才能获益这个规律。而不管是付出行动的利他还是付出金钱的利他，都可以让我们变得更有价值，从而获得更多的报酬。

　　一个善于运用利他思维勇于改变自己的人，一定是有格局、有财商的能人。稻盛和夫说过，利己则生，利他则久。一个把利他当作习惯的人，会不断积累人脉，展现自己的优势，改变自己的思维，从而得到更多长久发展的机会。利他的精神发展到极致终究是成就自己。所谓"利出者利返，福往者福来"。想要走得更远，积累更多财富，必须以利他思维为指导，做趋势的跟随者或同行者，给别人方便和好处，财富才会向自己涌来。